大乗仏教の挑戦6

「女性の世紀」を創るために

——共生・平和・環境

東洋哲学研究所 編

「女性の世紀」を創るために

——共生・平和・環境

大乗仏教の挑戦6〔目次〕

目次

序

栗原淑江

東洋哲学研究所は、明二〇一二年一月、創立五十周年の佳節を迎えます。半世紀の歩みを刻み、新たな出発をする意義ある時にあたり、『大乗仏教の挑戦』シリーズの第六巻として本書を上梓できることは大きな喜びです。

本研究所の創立者、池田大作SGI(創価学会インタナショナル)会長は、長年にわたり一貫して、女性たちにあたたかいまなざしをそそぎ、その自己実現、社会貢献を促し、理想社会を築く上で女性が果たす役割に大きな期待を寄せてこられました。

第25回「SGIの日」記念提言において、SGI会長は次のように指摘されています。

「人類の長い歴史のなかで、戦争や暴力、圧政や人権抑圧、疫病や飢饉など、社会が混乱や不安に陥った時、最も苦しめられてきたのが女性たちでありました。

にもかかわらず、社会の歩みをたえず『善』なる方向へ、『希望』の方向へ、『平和』の方向へと、粘り強く向けてきたのも、女性たちであったといえましょう」(『聖教新聞』2000年1月26日付)。

現代社会には、ここで示された問題をはじめとして、さまざまな課題が山積しています。平和、環境、人権、教育、生命倫理など、あらゆる領域にわたりそのあり方が問い直され、新たな価値観と行動が求められているのです。そうしたなかで、従来はどちらかというと与えられた枠内で遠慮がちに生きてきた女性たちが、いよいよ社会の主体者としてエンジンを全開にし、責任をもってそれらの問題群にチャレンジし、解決をめざして闘いを開始しています。

また、SGI会長は、かなり以前から「21世紀は女性の世紀」として、その思想を多くの論稿、スピーチにおいて展開されてきました。

詩「絢爛たる二十一世紀　女性の世紀は来《きた》れり!」では、次のように謳われています。

「新しき太陽とともに
新しき女性の世紀は来りぬ。

女性の世紀とは
女性の幸福と
平和の権利を
勝ち取りゆく
生活の勝利だ。
運動の勝利だ。
活動の勝利だ。
前進の勝利だ。
生き抜く勝利だ。
一家の勝利だ。（中略）
新世紀の
無限に飛躍していく
強き女性よ　万歳！
母親よ　万歳！」（『池田大作全集』第48巻、聖教新聞社、２００９年）

本書は、現代の女性たちの活躍の潮流を背景に、仏教を基盤に全世界へと展開しゆく創立者の思想の具現化をめざし、当研究所の女性研究員を中心に、「女性の世紀」を創るための一里塚として編んだものです。

川田洋一所長による第1章「仏教に見る共生の思想――その現代的意義をさぐる」は、仏教の源流にさかのぼって、人間生命の内奥にある〝差異へのこだわり〟(煩悩)の克服を基盤に、万物共生、万人平等の理想社会を築きゆく道を示そうとしています。仏教に説く、共生の思想としての「縁起論」を主軸に、日蓮の「立正安国論」、池田SGI会長の平和思想まで展開しています。

拙稿、第2章「仏典にみる女性たち――初期仏教をめぐって」は、仏典を通して、初期仏教における女性観について論じています。女性は梵天王、仏などになれないとする「女人五障説」、男性に変身しなければ仏になれないとする「変成男子説」など、仏教が女性に対する「抑圧装置」として機能してきたとする批判的な研究に対し、あらゆる思想は時代・社会の制約を受けることを考慮すべきとして、ブッダ在世当時は男女平等が説かれていたことを指摘し、時代を経るにしたがってブッダの思想とはかけ離れた女性差別的な思想が形成されてきた歴史を概観しています。

大島京子氏による第3章「グローバル社会における平和創出と女性――エンパワーメントをめぐって」は、現代社会における、平和創出に対する女性の力の重要性が論じられています。女性の権利保障、男女平等化など、女性の地位向上、個人の自立を促す内面的なエンパワーメントの必要性とともに、女性の自立を促し、平和創出に貢献するものとして、大乗仏教の説く、慈悲の精神に根ざした主体的で自立した菩薩的な生き方に注目しています。

豊島名穂子氏による第4章「池田思想にみる『人間の安全保障』」は、池田SGI会長が行った各種の提言や、識者との対談の中に見える「人間の安全保障」ということばを網羅的に取り上げ、SGI会長がこの理念に言及し続ける理由について考察し、SGI会長が語る「人間の安全保障」の内容と特徴について検討しています。制度や環境の整備にとどまらず、仏教の精神性を基盤とした、根本的な人間自体の変革が「人間の安全保障」の実現のための根本的道筋であることが提示されている、とします。

福井朗子氏による第5章「環境問題と女性――エコフェミニズムを超えて」は、環境問題の解決に向けて女性が重要な役割を果たしてきたこと、生活者として最前線にいる女性が環境問題に果たす役割が大きいことを指摘します。また、自己と環境の一体性を強調する仏教思想に期待が寄せられていることに触れ、仏教で説かれる「桜梅桃李」の教えのように、男女を問わず、それぞれの個々人がその特性を生かしつつ、それぞれの立場で一歩を踏み出すことが大きな力となることが力説されています。

なお、本書ではこれら論文とは別に、「池田ＳＧＩ会長の描く女性像」として二題を掲載しています。大江平和氏の「女性の時代を拓いた中国の母たち」は、香港の高名な画家・方《ほう》召麐《しょうりん》氏、近代中国初の女性作家で児童文学者であった謝冰心《しゃひょうしん》氏、周恩来総理の夫人であった鄧穎超《とうえいちょう》氏の波乱の生涯を紹介し、池田ＳＧＩ会長が三氏に寄せる思いを語っています。

大野久美氏の「アメリカ史に残る『人権運動』――自己実現を遂げた信念の女性たち」は、『アンクルトムの小屋』の作者で知られる小説家で、黒人奴隷制と戦ったストウ夫人、公民権運動の活動家ローザ・パークス氏、アメリカ第32代大統領夫人で社会運動家として世界的に知られるエレノア・ルーズベルト氏をとりあげています。池田ＳＧＩ会長の思想と響きあう、生命と自由のための戦いに身を投じた女性たちの勇気ある生涯をたどっています。

「女性の世紀」とは、女性も男性も、人間として豊かに伸びやかに自己実現し、他者と共に幸福感を満喫し、理想社会の構築を目指す「人間の世紀」であるといえましょう。本書が、そうした時代を拓くための一助となることができれば幸いです。

第1章　仏教に見る共生の思想
——その現代的意義をさぐる

川田洋一

1　〝煩悩の矢〟を抜く

『スッタニパータ』の「武器を執ること」の章に、次のような詩句が、釈尊の言葉として伝えられている。

「殺そうと争闘する人々を見よ。武器を執って打とうとしたことから恐怖が生じたのである。わたくしがぞっとしてそれを厭《いと》い離れたその衝撃を宣《の》べよう[1]」

「水の少いところにいる魚のように、人々が慄《おび》えているのを見て、また人々が相互に抗争しているのを見て、わたくしに恐怖が起った[2]」

釈尊の生きた時代のインドは、多くの小国が大国へと、次第に併合されていく変動期で、戦乱がたえず、また人々の間でも論争や紛争がやまない歴史社会の様相を呈していた。事実、釈尊の晩年には、釈迦族が、大国コーサラによって滅亡させられている。

このような時代状況のなかで、どうすれば、この地球上に平和と共生の世界をもたらすことができるのか――釈尊の出家、成道への基点となった深層体験の一つが、ここに「衝撃」「恐怖」として語られている。

このような釈尊の述懐は、インドのみならず、人類そのものが生存の危機に直面している21世紀初頭の今日においては、一段と真実味をおびて迫ってくる。

「水の少いところ」とは、まさに、「有限なる地球」の切実な自覚である。地球の資源も、エネルギーも、自然生態系も、今日では、人類の果てしない貪欲とエゴイズムによって、枯渇し、汚染され、人類の生存の基盤そのものが崩壊に瀕している。地球温暖化、砂漠の拡大と森林の減少、海洋の汚染、食糧の不足、生物種の激減などの「地球的問題群」の噴出である。

それにもかかわらず、釈尊の時代と同じく、それ以上に、拡大する貧富の格差、国家、民族、部族間の憎悪や、宗教、文化間の偏見をともなって、戦争、紛争、テロが激発し、世界的規模で、人々が「殺そうと争闘」し、「相互に抗争」している。今日では、「武器」も、核兵器、生物化学兵器やクラスター爆弾に象徴される大量破壊兵器へと巨大化し、その殺傷能力は、全人類の滅亡をも引き起こしかねない「恐怖」と化している。

今日、人類は、地球生態系とともに直面している生存の危機を、どのようにして超克し、平和と持続的開発の世界を築き上げることができるのか――本論では、釈尊の悟達への道をたどるところから、「人類共生」への方途を思想的にさぐっていきたい。

釈尊の悟達は、禅定《ぜんじょう》の修行の究極のところで開示されている。禅定は、今、ここの自己自身の表層意識から深層意識へと深まっていく。つまり、表層の自意識を起点としての「内なる宇宙」の探求である。

表層から深層領域へと深まるにつれて、まず、今日までの自身の過去の体験が照明されてくる。さらに、その探求は、個人の次元を超えて、トランスパーソナル（超個）の領域へと入っていくのである。即ち、家族や友人等の心と通底する次元があり、そこから、部族、民族、国家の次元へと入っていく。この領域には、部族や民族の深層意識が融合し、さらには、地球上の人類そのものの深層意識の次元が開かれており、自然生態系の基盤の上に存続している。

釈尊の禅定は、このような人類意識の深部にまで深まっていくのであるが、その様相は『スッタニパータ』には、次のように記されている。

「世界はどこも堅実ではない、どの方角でもすべて動揺している。わたくしは自分のよるべき住所を求めたのであるが、すでに（死や苦しみなどに）とりつかれていないところを見つけなかった(3)」

「(生きとし生けるものは）終極においては違逆《いぎやく》に会うのを見て、わたくしは不快になった(4)」

釈尊は、争いや生死や病の苦しみのない安住できる世界を求めたが、そのような平和の世界はどこにも見出しえなかった。一体、何が、人々を衝突させ、闘争と戦乱に駆り立てるのであろうか。

その瞬間、釈尊は、すべての人々の深層領域に、〝煩悩の矢〟が突き刺さっているのを、洞察している。

「またわたしはその（生けるものども）心の中に見がたき煩悩の矢が潜んでいるのを見た(5)」

「この（煩悩の）矢に貫かれた者は、あらゆる方角をかけめぐる。この矢を引き抜いたならば、（あちこちを）駆けめぐることもなく、沈むこともない(6)」

この、あらゆる人々の深層意識に突き刺さった〝煩悩の矢（一本の矢）〟について、池田SGI（創価学会インタナショナル）会長は、ハーバード大学での講演のなかで、それは〝差異へのこだわり〟であるとの見解を示している。

「釈尊の言葉に『私は人の心に見がたき一本の矢が刺さっているのを見た』とあります。『一本の矢』とは、一言にしていえば〝差異へのこだわり〟といってよいでしょう。当時のインドは、大いなる変革期で、悲惨な戦乱が相次いでいました。釈尊の透徹した眼は、その争乱の根底に、何よりも部族や国家などの差異へのこだわりを見出していたはずであります(7)」

〝差異へのこだわり〟とは、あらゆる煩悩の中心にある我執《がしゅう》、〝無明《むみょう》〟の現代的表現である。人々は、表層の「小我」に執着し、他を差別し、貪欲、瞋《いか》り、怨念、不信などの煩悩を発動している。では、人々は、何故、「小我」に執着するのか――仏教では、そこに「無明」を見出している。「無明」とは宇宙の実相、宇宙そのものに律動する根源的な法（ダルマ）への無知をさしている。

池田SGI会長は、「一本の矢」に根源的な人間悪を見出し、その克服から、平和共生社会への方途を示している。

『民族』であれ、『階級』であれ、克服されるべき悪、即ち『一本の矢』は、外部というより、まず自分の内部にある。ゆえに、人間への差別意識、差異へのこだわりを克服することこそ、平和と普遍的人権の創出への第一義であり、開かれた対話を可能ならしむる黄金律なのであります[8]」

では、釈尊は、どのようにして、我執、無明を打ち破り、〝差異へのこだわり〟を克服したのか。つまり、どのようにして〝煩悩の矢〟を引き抜きえたのか。

釈尊の禅定は、さらに深まり、人類総体の深層意識から、地球という惑星、恒星の生死流転の次元をも突破して、宇宙それ自体――宇宙生命と一体となる禅定の最深部、究極のところまで深まっていったのである。そして、ついで、宇宙生命それ自体を貫く「永遠なるもの」、「根源的法（ダルマ）」を自己自身の内奥に覚知した。その瞬間、無明を断破した、「涅槃《ねはん》」の境地が開示されたのである。つまり、「よるべき住所」を見出したのである。

このような釈尊の悟達の瞬間を、荒牧典俊氏は、次のように述べている。

「ゴータマ・ブッダは、禅定を修行して表層から深層へ『小さい自分』をどんどん捨てて定住していき、いよいよ捨てきってしまったとき、一瞬一瞬のいまここで『永遠の生命』を生きる新しい根本転回することを発見したのである。（中略）。このように『小さい自分』を放捨しきって『無我』になりきったとき、過去・未来・現在の自分の存在から自由になって、いまここの一瞬一瞬に『永遠の生命』に生きる新しい存在へ根本転回する道を発見したのでした[9]」

荒牧氏は、この「永遠の生命」を「永遠の共同体真理[10]」とも名づけている。

宇宙根源法（ダルマ）――永遠なる共同体真理を覚知した釈尊は、この法を体現しつつ、80歳の入滅に至るまで、東インドの各地を歩きに歩き、衆生救済の慈悲行に生き抜いたのである。この意味において、仏教は「法」にもとづく「智慧の宗教」であり、同時に、その「智慧」は「慈悲」となって発現していくのである。

釈尊は、入滅にあたり、次のような指針の言葉を残している。

「この世で自らを島とし、自らをたよりとして、他人をたよりとせず、法を島とし、法をよりどころとして、他のものをよりどころとせずにあれ[11]」

仏教者の間で「自島《じとう》・法島《ほうとう》」として伝わる言葉である。ここに示された「自己」とは「法」と一体となった「自己」であり、釈尊が否定し、乗りこえていった「小我」ではない。つまり「自分の主」となるような「自己」であり、その「自己」は「法」――宇宙根源なる永遠の生命と融合し、そこから顕在化する「自己」である。このような「自己」こそが、煩悩をコントロールし、「小我」の執着を打ち破り、涅槃の境地を開き、衆生救済へとおもむく理想的人格をつくりあげる。このような真実の「自己」を、否定されるべき「小我」との対比の上で「大我」と呼ぶこともできよう。真実の「自己」の確立を、釈尊は、さまざまな角度から説いている。

「自己こそ自分の主である。他人がどうして（自分の）主であろうか。自己をよくととのえたならば、得難き主を得る」[12]

「この世では自己こそ自分の主である。他人がどうして（自分の）主であろうか？　賢者は、自分の身をよくととのえて、明らかな智慧を獲得する」[13]

あらゆる次元の煩悩を打ち破り、「小我」を否定しつくしての「無我」の究極に顕在化する宇宙生命そのものと融合し、一体化した「自己」自身、即ち「大我」へと根本転回した「自己」の奥底から顕在化する永遠なる法にもとづく「明らかな智慧」――民衆救済の「智慧」こそ、仏教の説く「縁起の智慧」である。「縁起」としての智慧が、すべての人々、生きとし生けるものを結びあい、ここに、仏教の理想とする「共生社会」が浮かび上がってくるのである。

2　縁起としての共生

「共生」思想が、21世紀のキー・コンセプトとして浮上している。20世紀後半からの、経済・金融と、情報・通信のグローバル化にもかかわらず、否、それ故にこそ、一層、人類と自然生態系、人類社会のあらゆる次元――家族から部族、民族、国家、文化、宗教――、さらには、人間の身体と心の間に憎悪と偏見の〝煩悩の矢〟が「分断のエネルギー」となって吹き荒れるに至っている。それぞれの存在は、全体的調和を失い、孤立しつつ、存続の危機に瀕している。

このような人類的境位のなかで、「共生」の思想が、急速に人々の希求の対象となっている感がある。

だが、この「共生」の概念は、もともと生態学的概念である。それが、今日では、社会的領域でも用いられるようになっている。

現代の「共生」論の核心は、自他融合の「共同体」への回帰、「同一化」ではなく、相互に自立した異質で多様な他者の尊重であり、ともに、豊かな関係性を創出しようとする営為にある。

では、仏教思想の側から、このような現在の「共生」論をとらえることができるのであろうか。

前田惠學氏は、仏教的共生論の思想的基盤として、「縁起」の思想を指摘している。[14] 縁起の思想は、原始仏教から大乗仏教に至るまで、すべての仏教の中心思想である。縁起の思想は、仏教各派のなかで、業感縁起論《ごうかんえんぎろん》、阿頼耶識《あらやしき》縁起論、如来蔵《にょらいぞう》縁起論、中国では華厳宗の重重無尽《じゅうじゅうむじん》の法界《ほっかい》縁起論、真言宗の六大縁起論として展開していくのであるが、天台宗の諸法実相論（一念三千論）も、縁起論の展開のあり方と見ることができよう。

それでは、このような「縁起」の基本的概念から、現代的共生論との対応を通して、どのような共生の智慧が創りだされるのであろうか。いわば「縁起としての共生論」の特質を考えてみたいのである。

縁起的共生論には、次のような五つの特質がそなわってくるであろう。

第一に、すべての存在は、お互いに依存しあい、関連しあって、つながっている。自己自身は、時間的にも、空間的にも他者とつながり、全体としての調和を織り成している。一人として、他者と断絶した存在はない。まして、グローバル化の進む今日においては、人類は一体となって人類的生命を形成し、地球生態系とともに、全体としてのリズムを織り成している。そのような全体的調和を分断し、破壊する権利は誰人にもない。それ故に、人類は、全体としてお互いに資《たす》けあって自己から他者への調和のきずなを広げていくべきである。

華厳哲学のなかでの「重重無尽縁起」を説く「因陀羅網《いんだらもう》」(15)というたとえがある。

このインドラの網は、一つ一つの結び目に宝珠があって、それらの宝珠は互いに映りあい、更に映じた宝珠がまた映じあって、重重無尽に映りあうのである。一切の現象が、お互いに縁となって、生起し、資けあって栄えていくのである。

このたとえの、各宝珠を、一人の人間、また、民族、国家、文化、宗教、自然界をさすと考えることもできよう。この世界は、一人の人間から、社会のあらゆる段階、人類、自然界にいたるすべてのレベルで、お互いに照らしあい、資けあって、全体的な調和、発展のリズムを織り成しているというのである。

第二に、相互に密接なつながりをなす、それぞれの存在は、すべて、多様な個性を発揮しつつ、生を享受しゆく〝かけがえのない〟独自のものである。その意味において、あらゆる存在は平等である。

『法華経』の不軽品《ふきょうほん》に登場する不軽菩薩《ふきょうぼさつ》は、釈尊の過去世の修行の姿であるとされるが、この菩薩の修行は、すべての人々に対して、「我れは深く汝等を敬い、敢《あえ》て軽慢《きょうまん》せず(16)」といって礼拝しつづけたという。多様にして異質な他者、自分に悪口や暴力でもって迫害を加える者に対しても、礼拝行をつづけたのである。その理由は、すべての人のなかにある「仏性」という尊厳なる生命の発現への確信であった。

「仏性」は、人間のなかに内包されている、あらゆる善心——非暴力、慈悲、勇気、希望、信、智慧——の源泉であり、宇宙生命そのものに基盤をおいている。いかなる人も、生物学的、社会的差異にかかわらず、すべて平等なる存在であり、これらの善心を内包している。その顕現の仕方や種類は、各個人において相異があろうとも、善心の顕在化は、個性を輝かせ、才能等の可能性を触発し、人格を豊かに形成していくのである。

すべての人は、多様であり、異質であり、かけがえのない存在である。異質であるゆえにこそ、お互いに学びあえる豊かな可能性を内包している。その異質な人のなかに、善心、善性を見出し、それぞれの個性のままに特性を学びあい、相互に尊敬しあうのである。

不軽菩薩は、その時、憎悪や偏見が支配し、暴力性が表面化している他者のなかにも、「仏性」から顕在化する善心を見出していたのであり、そのような他者をそのままに尊敬したのである。仏教の縁起の智慧は、自己と対立する他者に対しても、個性、人格をありのままに認め、尊敬しあい、生命内面からの善心の顕在化を促すのである。

さらに、個人のみならず、すべての部族、民族、国家、文化、宗教も、それぞれの特性、個性を持っている。たとえ、現在、憎悪や暴力性が表面化している社会集団にあっても、その内面には、善心に彩られた偉大にして多様な特性、可能性が内包されている。相互の尊敬の心が、ともに、それらの可能性を触発しあうのである。

第三に、人類をはじめとする生きとし生けるものは、大宇宙の壮大な営み――縁起の網――に支えられ、生かされているということである。

現在の自己の存在は、時間的には、百数十億年に及ぶ物質進化、化学進化、生物進化、そして、５００万年ともいわれる人類進化によってもたらされ、空間的には、大宇宙を流転する地球生態系並びに全世界の人々によって支えられている。大宇宙からの恵みを、『法華経』の薬草喩品《やくそうゆほん》は、三草二木《さんそうにもく》のたとえ(17)として示している。

この世界の草木は多種多様であり、それぞれの特性、個性をもっている。そこに雨が降りそそぎ、大地の栄養を吸収して、草木が栄えていく。天と地の恵みをうけて繁茂していくのである。

日蓮は、この『法華経』の法理を「桜梅桃李《おうばいとうり》」(18)と表現している。大宇宙からの慈悲の恵みをうけて、桜は桜としての個性、特質を発現していく。同じく、梅等の他の植物も、それぞれの多様なる特質をあらわしていくのである。

また、大宇宙の恵みをうけての、このような草木のあり方を、日蓮は「自体顕照《じたいけんしょう》」(19)と表現している。草木のたとえは、多種多様な個性をもつ個人から、さまざまな社会集団をあらわしている。すべての現象界の存在は、大宇宙の慈悲の営為に支えられ、縁起の網の目を形成しながら、壮大なる調和のシンフォニーを奏でている。

このような宇宙進化のなかの自己自身を深く自覚する時、自己を支え、生かすものへの感謝の念が生じてくるはずである。そして、他者の支えに対する知恩、報恩へと向うのである。仏教で説く、恩のなかの代表的なものとして、『心地観経《しんじかんぎょう》』の四恩(20)があるが、ここに「一切衆生の恩」が説かれている。自己を支えゆく一切の他者への知恩、報恩である。大宇宙の恵みへの感謝は、具体的には、縁起の網を通して自己を支える一切衆生の恩を知り、他者につくそうとする報恩となってあらわれるのである。

第四に、縁起の智慧によって養われる相互尊敬、感謝、報恩などの善心は、非暴力、慈悲の活動となって、他者へ及んでいく。慈悲は、他者の苦しみ、悩みに共感・同苦し、ともに幸福をめざす行為であり、その慈悲の働きは、非暴力の生き方として貫かれるのである。

『ダンマパダ』暴力の章には、次のように記されている。

「すべての者は暴力におびえ、すべての者は死をおそれる。己が身をひきくらべて、殺してはならぬ。殺さしめてはならぬ(21)」

すべての人々が、死をおそれ、自己が愛しい。この生命的事実を他者の心のなかにも「己が身をひきくらべて」実感する時、他者を苦しめ、暴力をふるったり、殺したりすることはできないのである。かえって、慈悲心により、他者と同苦し、ともに幸福への道を開こうとするのである。それのみならず、他者にも、非暴力や不殺生の行為を要請するのである。

こうして、お互いの善なる行為が、連帯しながら、次々とさらなる大きな輪を広げゆくのである。このような善心の連帯の拡大こそ、縁起の法の実践化といえるであろう。

第五に、縁起の智慧と慈悲の行為は、菩薩道となって、自己の変革をもたらし、自己実現、自己完成の道を進ませるのみならず、そのように変革しゆく自己が、他者の変革を引き起こすのである。「自己」と「他者」の共生――相互関連――による歴史の「共創」である。

「自己」の変革は、菩薩道の実践によって、「小我」をこえて、宇宙根源の「法」と一体となった「大我」(「自己」)の確立をめざしゆく「一生成仏」への道を意味している。さらに、それによる「他者」の変革は、善心の連帯を広げつつ、新たなる人類社会、自然界の創造的変革を引き起こすのである。「自己」と「他者」の連続的な相互変革が、新たな人類史を、ともに創出していくのである。これを「共創」と呼びたい。

日蓮は、「自己」と「他者」との相依相関性《そういそうかんせい》を、次のように述べている。

「夫《それ》十方は依報《えほう》なり・衆生は正報《しょうほう》なり譬へば依報は影のごとし正報は体のごとし・身なくば影なし正報なくば依報なし・又正報をば依報をもつて此れをつくる」(22)

この文は、妙楽湛然《みょうらくたんねん》（711―782年）の「依正不二論《えしょうふにろん》」(23)にのっとって、「正報」を「衆生」とし、「依報」をその環境世界として論じている。この文で「正報」を身体とし、「依報」を影として表現しているのは、歴史創造においては、「正報」としての人間自身の変革が主体となるべきであり、それによって「依報」である環境を動かし、変革していくのである。仏教では、菩薩道による人間変革、即ち縁起の智慧と慈悲の行為によって、環境世界を変えていくことをめざしている。

そして、その「正報」が一個の人間から、家族、部族、民族、国家、人類へと拡大していくにつれて、それぞれの段階の「依報」へと善心の輪を広げていくことができるのである。ここに「正報」と「依報」はともに宇宙生命に生かされつつ、大宇宙の恵みをうけて、壮大なる調和、共生のリズムを奏でゆくことが可能になるのである。

今日、人類に問われているのは、人類総体としての「正報」が、地球生態系としての「依報」と、調和と共生のリズムを奏でながら、新たな創造的歴史を開いていけるかどうかである。

縁起と慈悲の実践による歴史創造という、「共創」としての共生にこそ、仏教思想の今日的意義があるのではなかろうか。そして、歴史創造のプロセスに現出するであろう「共生社会」こそ、仏教者が理想とする「仏国土」である。

3　共生社会の実現をめざして――「立正安国論」の示すもの

『法華経』の方便品には、仏が出現するのは、五濁《ごじょく》の盛んな悪世であると説かれている。天台は、『法華文句《ほっけもんぐ》』巻四下において、この五つの濁りの出現の次第を、次のように述べている。

「煩悩と見とを根本と為す。此の二濁従《よ》り衆生を生ず。衆生従り連持《れんじ》の命有り。此の四、時を経るを謂いて劫濁と為すなり[24]」

五濁の中心は、人間の心のなかの「煩悩濁《ぼんのうじょく》」と「見濁《けんじょく》」であるという。煩悩と悪見（思想の濁り）によって、人間の心が濁っていくのである。釈尊が『スッタニパータ』で指摘した〝煩悩の矢〟としての、無明、我執、そして〝差異へのこだわり〟という悪見によって、人間生命が濁されると「衆生濁《しゅじょうじょく》」が形成されるのである。人間の身体と心がともに煩悩におかされ、調和を失って、分裂していくのである。その結果、生命力が弱くなり、身心（生命）の連持（継続）の時間が短くなるという。つまり、生命力の衰退による寿命の短縮化であり、これを「命濁《みょうじょく》」と名づけている。

「衆生」を個人の人間生命から、家族、部族、民族、国家、人類へと拡大していくと、それぞれの段階の生命共同体やそこにはぐくまれた文化が、煩悩と悪見におかされ、分裂、混乱し、生命力を衰退させて滅亡に向うのである。人間個人から発現した煩悩や悪見が、各共同体に浸透して、自然生態系とともに、人類がつくり出す時代そのものが、混乱し、分裂していくことを「劫濁《こうじょく》」と表現している。

仏教において、仏は、このような混乱、分裂、煩悩充満の世の中――悪世に出現して衆生救済に向うのである。それ故に、『法華経』如来寿量品《にょらいじゅりょうほん》では、久遠の仏、即ち宇宙根源の法（ダルマ）から出現した仏は、常に、五濁の煩悩による苦悩が充満する娑婆世界《しゃばせかい》において、衆生を教化説法し、救済すると説くのである。

「是れ自従《よ》り来《このかた》、我れは常に此の娑婆世界に在って、説法教化す(25)」である。

煩悩と苦悩の「娑婆世界」そのものを、仏の住む清浄な国土、「寂光土《じゃっこうど》」に変革しゆくのである。

日蓮は、『法華経』に示される「娑婆世界即寂光土」「此土《しど》即仏国土《そくぶっこくど》」の理念の実現をめざし、煩悩と苦悩との対決を通して、衆生救済、世界変革へと向ったのである。その行為は、釈尊以来の、現実社会のなかでの「智慧と慈悲」の実践による「仏国土」建設を引き継ぐものである。

日蓮が出現した時代の日本は、まさに経文通りの「五濁」が充満した悪世の様相を呈していたのである。日蓮のあらわした『立正安国論』は、天変地異や疫病、飢饉に苦しむ民衆の姿から説き起こされている。

日蓮の慈悲心から、経文を通して、仏教思想を検討し、無明、煩悩による思想の乱れこそが民衆の不幸の根源にあり、日本国の混迷となってあらわれている。この思想の乱れを早く克服しなければ、まだ、あらわれていない戦争が、起きるであろうとの警鐘を鳴らしているのである。

「国土乱れん時は先《ま》ず鬼神《きじん》乱る鬼神乱るるが故《ゆえ》に万民乱ると、今此の文に就《つ》いて具《つぶ》さに

事の情《こころ》を案ずるに百鬼早く乱れ万民多く亡ぶ先難是《こ》れ明かなり後災何ぞ疑わん」(26)

鬼神とは、思想の乱れであり、無明、煩悩による民衆の生命の根本的な濁りである。これらの濁りによって、すべての人々の生命に内在する「仏性」という尊厳性が覆い隠され、慈悲、智慧等の善心の発現もない状況である。煩悩濁、見濁から衆生濁、命濁が引き起こされ、時代社会そのものが劫濁の様相を呈しているのである。

日蓮は、三災の基盤に三毒（貪欲、瞋恚《しんに》、愚痴）を見出している。

「三毒がうじやうなる一国いかでか安穏なるべき（中略）飢渇《けかち》は大貪《だいとん》よりをこり・やくびやうは・ぐちよりをこり・合戦は瞋恚《しんに》よりをこる」(27)

大貪とは、どこまでも拡大していく貪欲である。他者のものを奪ってでも、自らの欲求をかなえたいとする衝動が、飢渇を引き起こすのである。愚痴は無明と同義である。無明とは、宇宙根源のリズムに反し、人々の「仏性」を覆い隠し、縁起の法への無痴なる煩悩である。この無明によって、生命根源の力が衰退し、身心のバランスをくずし、疾病への抵抗力を弱めてしまうのである。ここに伝染病をはじめとする病気の大流行の基盤がある。そして、瞋恚とは、生命内在の攻撃性である。他者への憎悪が、攻撃性となって発現して、紛争、戦争を引き起こすのである。煩悩濁、見濁が三災の基盤にある。

そこで、日蓮は、「三災」が猛威をふるっている時代状況を変え、根本的に、五濁悪世を転回するには、無明・煩悩を打ち破り、人間生命に内在する「仏性」という尊厳なる当体――宇宙根源の法と一体となった仏の大生命を顕在化しうる思想の緊急性を説いたのである。そのような思想として、日蓮は、宇宙根源の法を説いたとされる『法華経』を要請したのである。

池田SGI会長は、「立正安国」の原理として、この文を、次のように解説されている。

「法華経という根本善を信じて、個人が『心の平和』を確立することが『立正』の根本です。そして、根本善にかなった社会の在り方を定着させ、実際に『社会の平和』を実現していくのです。

しかし、この場合、社会全体が同じ法華経の信仰で統一されることとは限りません。社会の全体としての在り方のなかに、『万人が仏』という法華経の平和の大哲学が生かされていくことが重要です。

社会の次元の『立正』とは、『人間尊敬』の哲学、『生命尊厳』の理念が社会を支え、動かす原理として確立されることにほかならないのです[28]」

ここに示されるように、「立正」とは、個人が、無明、煩悩を打ち破った境涯の確立であり、

「心の平和」の次元をさしている。さらに、『法華経』の精神から導かれる「人間尊敬」の哲学、「生命尊厳」の理念が浸透し、行動原理となっているような社会をめざすことが「安国」である。

なお、「立正安国」の国とは、民衆が幸福を満喫するような社会であり、あくまでも「民」が根本である。[29] したがって、このような社会は、一つの国の次元に限定されるものではなく、「立正安国」の「国」は、民族や国家から地球人類というあらゆる次元をも包括する人類社会という意味になるであろう。さらに、その地球人類社会は、自然生態系とも一体であり、「安国」とは、「仏国土」であり、同時に「宝土」でもある。

それでは、「人間尊敬」「生命尊厳」の理念が、社会としての共同体に浸透し、支えるとは、具体的には、どのような社会を意味するのであろうか。その一つの姿が、理想的な共生社会ではなかろうか。換言すれば、あらゆる次元の共同体のなかに、第三節で詳述した五項目にわたる「共生社会」の特徴が発現している社会である。

「人間尊敬」とは、すべての人々が、不軽菩薩の実践のように、平等に、相互に尊敬しあうことである。「生命尊厳」とは、すべての人々が、宇宙根源の法と一体となった「仏性」を内在しており、その「仏性」は人間生命のみならず生きとし生けるものに及んでいる。すべての生命は、宇宙根源の法と一体である「仏性」を内在し、「仏性」によって生かされている故に「尊厳」なのである。

このような理念が、「縁起の智慧」と「慈悲の実践」となって具体化する時、「共生社会」に貫かれる五つの特徴となるのである。要約すれば、①に、各生命の相依相関にもとづく「平等性」の自覚、②に多様性、個性の相互「尊敬」、③に宇宙生命に生かされていることへの感謝と報恩、④に非暴力、慈悲の実践がある。さらに、⑤として、これまでの「縁起の智慧」と「慈悲の実践」が貫かれる社会では、個人は、自己実現、自己完成の道、即ち「大我」に生きる人生を志向する。しかし、個人は、「自己」のみによって、「自己」を完成する道を歩むことはできないのである。「自己」（正報）は常に「他者」（依報）とつながり、ともに資けあいながら、社会全体を創造的に変革していかなければならないのである。

「汝須《すべから》く一身の安堵《あんど》を思わば先ず四表の静謐《せいひつ》を禱《いの》らん者か(30)」

個人の「自己」の完成は、社会の創造的変革と一体なのである。つまり、「個」と「全」は「共創」の関係にある。ともに、自己と社会全体を創造的に変革しあうのである。換言すれば、「自己変革」のために、「社会変革」に参画する使命を担うのである。

「立正安国論」のさし示す「仏国土」、「寂光土」は、「共創」としての「共生」のダイナミズムが脈動している共生社会の様相を呈しているのではなかろうか。「仏国土」とは、常に「個」とあらゆる次元の「共同体」の共生を通して、宇宙根源の生命があふれ、智慧と慈悲によるダイナミックな歴史創造の織り成す社会である。

創価学会・SGIは、釈尊から日蓮へとつながる「仏国土」建設への理想実現を、21世紀の今日、地球人類的規模で現実化しようとしている団体である。

注

(1)『スッタニパータ』935　前半句（中村元訳『ブッダのことば　スッタニパータ』岩波文庫、203頁）。
(2)『スッタニパータ』936（同書、203頁）。
(3)『スッタニパータ』937（同書、203頁）。
(4)『スッタニパータ』938　前半句（同書、203頁）。
(5)『スッタニパータ』938　後半句（同書、203頁）。
(6)『スッタニパータ』939（同書、203頁）。
(7) 池田大作『21世紀文明と大乗仏教』第三文明社、18、19頁。
(8) 同書、19頁。

(9)荒牧典俊『ブッダのことばから浄土真宗へ』自照社出版、64頁。
(10)同書のなかで、荒牧氏は、「永遠の共同体真理とは、わたくしの用語であって、あらゆる文化の根源には文化を文化たらしめる永遠の真理――『神』とか『仏』とか『道』などとよばれる――があるが、それがあらゆるひとびととひとびととをコミュニケートさせることによって共同体へともたらすことを謂おうとしている」と定義している。29頁。
(11)『大パリニッバーナ経』(中村元訳『ブッダ最後の旅　大パリニッバーナ経』岩波文庫、63頁)。
(12)『ダンマパダ』160(中村元訳『ブッダ真理のことば(ダンマパダ)　感興のことば(ウダーナヴァルガ)』岩波文庫、32頁)。
(13)『ウダーナヴァルガ』20(同書、231頁)。
(14)前田惠學『仏教における共生の主張(特別講演)』のなかで、前田氏は、「共生の語は、インド古来の経論の上に現われてはいるが、椎尾が直接典拠にしたのは、中国唐代・善導の『願わくは諸々の衆生と共に安楽国に往生せん』であって、近代の造語と言ってよい」「かつまた椎尾は、共生の理論的根拠を、仏教の根本思想の『縁起』に求めている」と述べている。『前田惠學集』第六巻、山喜房仏書林、28、29頁。
(15)『華厳経探玄記』巻1に、「因陀羅網重重無際微細相容主伴無盡」とある。『大正大蔵経』巻35、116頁上。
(16)『妙法蓮華経並開結』に、『我れは深く汝等を敬い、敢て軽慢せず。所以は何ん、汝等は皆な菩薩の道を行じて、当に作仏することを得べし』」とある。創価学会版、557頁。

(17) 同書、241、242頁。

(18)『日蓮大聖人御書全集』創価学会、784頁。

(19) 同書、784頁。

(20)『心地観経』巻2に、「一父母恩。二衆生恩。三国王恩。四三宝恩」とある。『大正大蔵経』巻3、297頁上。

(21)『ダンマパダ』129(前掲書、28頁)。

(22)『日蓮大聖人御書全集』創価学会、1140頁。

(23)『法華玄義釈籤』に、「十不二門」を立てるなかの第六に「依正不二門」が明かされている。「已《すで》に遮那《しゃな》の一体不二なるを証す……三千の中《うち》、生・陰の二千は正と為し、国土の一千を依に属せしむを以て、依正は既に一身に居す。一心豈《あ》に能所を分たんや。能所無しと雖《いえど》も、依正宛然《おんねん》たり」『大正大蔵経』巻33、919頁上。

(24)『法華文句』巻4下、『大正大蔵経』巻34、53頁。

(25)『妙法蓮華経並開結』創価学会版、479頁。

(26)『日蓮大聖人御書全集』創価学会、31頁。

(27) 同書、1064頁。

(28)『御書の世界』第一巻、聖教新聞社、121、122頁。

(29) この場合、日蓮が用いる「くに」の漢字が重要な示唆を与える。「立正安国論」では、「国（王が領土の中にいることを示す)」、「國（戈という武器が記されている。武器で領土を守る姿勢を示す)」、そして「囻（民衆が生活する場)」の三種を用いている。しかし、約八割が「囻」を用いている。

(30)『日蓮大聖人御書全集』創価学会、31頁。

〈本論文は『東洋学術研究』通巻一六四号（二〇一〇年五月）に掲載された論文を修正したものです〉

第2章　仏典にみる女性たち ―― 初期仏教をめぐって

栗原淑江

1　はじめに

フェミニズム論、ジェンダー論、女性学等が登場して以来、従来の思想、哲学を「女性」という視点から再検討しようとの試みが行われてきた。女性と宗教のかかわりをめぐる問題も注目されるようになり、とくにキリスト教に関しては、早くから検討がなされてきた。それに対して、仏教における女性の問題の研究は遅れをとっていた。しかし、近年、フェミニズムの立場に立つ挑戦的な研究をはじめとして、仏教学者、宗教学者などによる研究が相次いで発表されるようになっている。(1)

そうした研究の多くにおいては、仏教が女性に対する「抑圧装置」の一つとして機能してきたと批判される傾向がある。たしかに、「女性は梵天王《ぼんてんのう》、帝釈天《たいしゃくてん》、魔王、転輪聖王《てんりんじょうおう》、仏になれない」とする「女人五障説」や、男性に変身しなくては成仏できないとする「変成男子説《へんじょうなんしせつ》」、女性を信仰の聖域から閉め出す「女人禁制（女人結界）」などは、現代の目からみればはなはだしい女性差別といえよう。業《ごう》が深いとされ、救いがたいとされながらも、必死に救いを求める女性たちのうめき声が、歴史の闇の中から聞こえてくるようである。

しかし、一方で、あらゆる思想は時代・社会の制約を受けることも考慮されなければならない。宗教思想も、具体的な時代・社会という文脈の中で検討される必要がある。仏教とひとくちにいっても、時代、社会によりさまざまな様相を呈しており、各々の場合の女性観、実際上の女性の立場や役割のとらえ方もさまざまである。

今回は、ブッダの時代を中心とした初期仏教を中心に、仏典にあらわれた女性像をひもとき、仏教の女性観、教団における女性の位置と役割などについて検討したい。初期経典において、女性に言及したものは数多い。それらは、在家の女性をめぐるものと、出家した女性をめぐるものに大別できるが、この両者の内容は、かなりニュアンスの異なるものとなっている。すなわち、在家の女性に対しては、生活上の細々した倫理、夫婦のあり方などが説かれているのに対し、出家の世界における教説では、女性性が厳しく忌避《きひ》される一方で、男女共の悟りが示されている。それらを通して、初期仏教における女性観の一端を明らかにしたい。

2　在家の女性をめぐる説法

初期仏典の中に女性に関する表現をさがすのは、難しいことではない。一般的な女性論や、在家の女性に対して生活倫理を説いたもの、さらに出家した尼僧に対するものなどさまざまである。ここではまず、一般的な女性論および在家の女性に対する説法を検討してみよう。

経典にあらわれる女性像というと、性悪で愚かで救いがたいものというイメージがある。たしかに、そのような表現は多くの経典に見られ、とくにのちの経典になるほど多くなる。なかには、現代的な視点からすると女性蔑視、女性差別と思われる表現も少なくない。

たとえば、アーナンダがブッダに、「尊師よ、女性はなにゆえに公の席に出席することができないのですか。なにゆえに職業に従事しないのですか。なにゆえに職業によって生計を立てないのですか」と訊ねたとき、ブッダは、「アーナンダよ、女は怒り易いのだ。アーナンダよ、女は嫉妬深いのだ。アーナンダよ、女は物惜しみをするのだ。アーナンダよ、女は愚かなのだ。アーナンダよ、こういう訳だからこそ、女は公の会合の席に出席することはできないのだし、職業に従事したり職業に従事して生計を立てたりしないのだ」と答えたという。[2] このような表現は、他にも散見される。たとえば、「彼女たちは卑しい、気紛れ、恩知らず、不誠実である」[3] など。

また、女性はつねに男性を意識して生活しているとされる。「女は道を歩いているときでさえ、わざわざ立ち止まって男心を惹こうとする。立っているときも、座ったり、横になったりしているときも、笑っているときも、話したり歌ったりしているときも、泣いているときも、老いても、また死にかかっているときも、立ち止まって男心を惹こうとする」[4] といった具合である。

そして、そのような女性は、一人前の人間として人格を認められるよりは、道具として扱われるのがふさわしいと考えられている。『スッタニパータ』に、王がバラモンたちに贈った財のリストとして、「牛、臥具《がぐ》、衣服、盛装化粧した女人、またよく造られ駿馬に牽《ひ》かせる車、美しく彩られた織物――」[5] があげられているが、ここからは、女性が家財道具の一つと考えられていたことがうかがわれる。さらに、「世における支配権は勢力である。所有品のうちで最上のものは、女である。怒りは世における剣の錆《さび》である」(6)の記述もある。女性は「所有品」なのである。

はなはだ侮辱《ぶじょく》的で、女性差別的といえる表現である。なぜ女性のみが愚かで軽蔑《けいべつ》すべきもの、道具のようなものとされたのであろうか。男性に対する同様の記述はほとんどみられない。これらは経典の記述であるから、仏教における女性観であることは間違いない。しかし同時に、当時の社会通念を色濃く反映していることもたしかである。

ブッダが生きた時代は、女性蔑視の風潮が定着しつつある時代であった。当時の社会では、女性は未婚・既婚を問わず男性に従属するものとされ、家庭に拘束され、男性に奉仕する一生を送るのが常識とされた。女性が自立し、社会に出て男性と同じように働いたり、会合や会議に参加したりすることは考えられなかった。アーナンダの問いはそのような状況を疑問視したものであるが、それに対するブッダの返答は、伝統的な女性観の枠を踏み出すものではなかったのである。

そのような思考は、経典にみられる妻女観にも明確にみてとれる。なかでも、スジャーターをめぐる話が興味をひく。(7)ある日、ブッダがアナータピンディカ長者の家を訪れたとき、嫁のスジャーターが大声で騒いでいるのを聞きとがめ、七種の妻について教えを説いたという。その七種とは、①殺人者のような妻——心が汚れ、夫のためを思わず、他のものに心を奪われて夫を軽蔑し、財をもって彼女を購《あがな》った夫を殺そうと思う妻。②盗人のような妻——彼女のために夫が、学芸に職業に耕作にと努力して得た財を、少しでも夫から奪おうとする妻。③権力者のような妻——仕事をしようとせず、怠惰《たいだ》で、大食いで、乱暴で、兇悪、そしてののしりの言葉を語る。よく働く夫を威圧して生活している妻。④母のような妻——常に夫のためを思い、母が子を護るように夫を護り、夫が蓄えた財をよく護る妻。⑤妹のような妻——妹が姉を尊敬するように、自分の夫を尊び、恥じる心をもち、従順である妻。⑥友のような妻——友が、久しぶりにやってきた仲間をみて歓ぶように、夫をみて歓び、家柄よく、身を律し、貞女である妻。⑦召使のような妻——杖で打たれておびえ、怒ることなく、汚れた心をもたず、夫に対して忍び、いからず、夫に対して従順である妻、である。前三者は死後、地獄に堕ち、後四者は死後、天におもむくという。これを聞いたスジャーターは感動し、最後の「召使妻」になりたいと誓い、ブッダに帰依したという。同様の妻女観がいくつか伝えられている。(8)

ここに示されるような妻たちが実際に存在したかどうかはともかく、「召使妻」があるべき理想的な姿と考えられているのは興味深いことである。これが当時の社会の標準的な妻女観であった。当時の女性たちは、罵《ののし》られても、叩かれても、常に貞淑《ていしゅく》に夫に仕える奴婢《ぬひ》のような存在として忍従《にんじゅう》することを期待されていたのである。ブッダも、おそらくそうした社会通念の土台に立って、女性論を展開したのであろう。

以上あげてきたような女性像とは対照的に、初期仏典にも女性の存在を高く評価している表現がある。よくあげられるのは次の例である。――コーサラ国王パセーナディは、その妃マッリカーが王女を産んだことを聞いて喜ばなかった。そのときブッダは、次の詩をとなえた。「人々の王よ、女人といえども、ある人は、実に男よりもすぐれている。聡明にして、戒《いま》しめをたもち、姑《しゅうとめ》を敬い、夫に忠実である。彼女の生んだ男子は、健《たけ》き人となり、地上の王となる。かくのごとき〔良き妻の子〕は、国家をも教え導くのである(9)」と。

ここでは、女性でも男性よりもすぐれたものもおり、王となるような男子を産むこともあるのだから、女性の誕生も喜ぶべきことであるとされている。また別の例として、「旅人の友は、隊商の仲間である。わが家における友は、母である。事が起こったときに幾度も友となる者は、朋友である。来世における友は、自分のつくった功徳である(10)」といった箇所もあげられる。ここでは、家庭において頼りになる友は母であるとして、女性の役割が高く評価されているとされる。

しかし、ここで女性を評価しているのは、「(男子を) 産む性」としての女性であり、「母」としての女性である。反面からいうと、女性そのものとして評価、尊敬されているのではない。当時の法典にも、女性は母であり産む者であるかぎりにおいて尊敬される存在であると記されていることを考えると、ここにも当時の女性観が反映しているといえよう。当時の社会においては、夫に従うことが妻の最高の義務とされ、男子を産むことが妻の絶対条件とされた。男子を産まない妻は離縁させられてもしかたないとされていたのである。女性を評価しているようにみえるこうした記述が、かえって、仏教が当時の一般的女性観を突き抜けていないことを示しているともいえよう。

このように、初期仏典にみられる女性像は、当時の社会通念を色濃く反映しているものであり、新味はみられない。在家の人々に対しては、布教の点も考えて社会と摩擦をおこさず、当時の女性観を受け入れて説法をしたものと考えられる。このような女性観は、特に仏教的な思考ではないだろう。むしろ、仏教独特の女性観が明確に打ち出されてくるのは、それが仏教教団、仏道修行とかかわる問題になったときである。

3　仏教教団における女性

(1)「誘惑者」としての女性

仏伝によれば、菩提樹の下で悟りを開いたブッダは、サールナートで五人の僧に向かって初めての説法を行う(初転法輪《しょてんぼうりん》)。この五人が最初の弟子となり、ここに、仏教を信奉し実践する人々の集まりである仏教教団が成立する。その後、ブッダを慕い、仏道修行をするために集った人々によって、教団はしだいに拡大していく。

出家して修行する僧にとって、修行を妨げる一番の邪魔者とされたのが女性の存在である。初期仏教において、出家者がたもつべき戒の中でも、不淫戒《ふいんかい》はとくに厳格なものであった。かれらは、人間の欲望のうちでとくに強いとされる性衝動を抑え、「独身禁欲の梵行《ぼんぎょう》(ブラフマ・チャリヤ)」とよばれる清浄行を実践しなければならなかった。これはもとはバラモン教でヴェーダを学習する者が行っていたものであり、この戒を犯して女性と交わった僧は、「パーラージカ」という最大の罪を犯したとして教団から追放されたのである。教団に多くの修行僧をかかえるブッダが、かれらに対して女性や愛欲の害毒を語る口調は激しく厳しい。

初期経典には、愛欲・婬欲を否定した箇所が随所にみられる。たとえば、「女の容色・かたち、女の味、女の触れられる部分、さらに女の香りなどに染着する者は、さまざまな苦しみを知る(11)」、「愛欲に駆り立てられた人々は、わなにかかった兎のように、ばたばたする。それ故に修行僧は、自己の離欲を望んで、愛欲を除き去れ(12)」といった具合である。

したがって、修行僧はそうしたものに気をつけて修行しなければならない。すなわち、「刀が体に刺さっている場合に〔刀を抜き去る〕ように、〔ターバンを捲いた〕頭〔髪〕に火がついているばあいに〔急いで火を消そうと努める〕ように愛欲の欲情を捨て去るために、修行僧は気をつけながら遍歴すべきである(13)」、また、「愛執は苦しみの起る根源であるとこの危ない患《わずら》いを知って、愛欲を離れ、執着して取ることなく、修行僧は気をつけながら遍歴すべきである(14)」と。

一番よいのは、そういう危険なものに近づかず、ひたすら避けることである。「心に思うはたらきの顛倒《てんとう》によって、そなたの心はすっかり焼かれている。欲情をさそう、麗しい〔女人の〕すがたを避けよ(15)」、「愛欲があれば、（汚いものでも）清らかに見える。その（美麗な）外形を避けよ。（身は）不浄であると心に観じて、心をしずかに統一せよ(16)」。また、「愛する人と会うな。愛しない人とも会うな。愛する人に会わないのは苦しい。また愛しない人に会うのも苦しい。それ故に愛する人をつくるな。愛する人を失うのはわざわいである。愛する人も憎む人もいない人々には、わずらいの絆が存在しない[17]」。愛欲の炎は、悟りを妨げる最大の障害である。[18]

そして、女性を避け、愛欲を断ったならば、悟りの世界が開けるとされる。「この世において執着のもとであるこのうずく愛欲のなすがままである人は、もろもろの憂いが増大する。——雨が降ったあとにはビーラナ草がはびこるように。この世において如何ともし難いこのうずく愛欲を断ったならば、憂いはその人から消え失せる。——水の滴が蓮華から落ちるように[19]」。

ここにみられるのは、かなり強烈な女性忌避、性愛否定である。ブッダはさまざまな煩悩を否定したが、その中で最大のものが性愛であった。性的禁欲は、悟りのための絶対条件であった。[20] 少なくとも、このように激しく糾弾しなければならなかったような事情が、教団の中に存在したことがうかがえる。別れた妻に誘惑され交わりをもってしまった男僧もあったことが報告されている。

では、このように激しく性愛が否定されたのはなぜであろうか。出家前のブッダは性の豊富な経験者であった。三人の妻をもち、一子ラゴラももうけている。青年時代のブッダは、性の快楽を十分に経験していたし、同時にその害毒や空しさも知っていたと思われる。ブッダ自身によれば、「わたくしには、三つの宮殿があった。一つは冬のため、一つは夏のため、一つは雨季のためのものであった。それでわたくしは雨季の四カ月は雨季に適した宮殿において女だけの伎楽にとりかこまれていて、決して宮殿から下りたことはなかった[21]」。若き日のブッダは、愛欲に満ちた生活を送っていたと思われる。それがある日、「宮廷で歓楽の生活をほしいままにしたが、ふと一夜めざめて、宮廷の女官らがしどけないすがたで取り乱して寝ているのを見て、女を嫌うようになった[22]」という。

二十九歳で出家して以来、ブッダ自身は二度と女性とは交わらなかった。「われは（昔さとりを開こうとした時に）、愛執《あいしゅう》と嫌悪《けんお》と貪欲《どんよく》（という三人の魔女）を見ても、かれらと婬欲《いんよく》の交わりをしたいという欲望さえも起こらなかった。糞尿《ふんにょう》に満ちたこの（女が）そもそも何ものなのだろう。わたくしはそれに足でさえも触れたくないのだ[23]」というのが、出家後のブッダの心情であった。

悟りのために性愛を否定する宗教は珍しくないが、ブッダの場合、性愛の否定が、「誘惑者」としての女性の忌避という形で表れていることが注目される。すなわち、「婦女は聖者を誘惑する。婦女をしてかれを誘惑させるな[24]」と。性愛は、当然のことながら男女双方にかかわる問題であるが、ブッダは一方的に女性を責め、「罪を女性に転嫁し、女性を誘惑者、悪の源泉とみなした[25]」のである。

このように、ブッダは、「誘惑者」としての女性を警戒し、徹底的に退ける。その語調の強さは、女性の誘惑の魅力の大きさを知っていたことの裏返しかもしれない。女性の性力・魅力の大きさを知るがゆえに修行者にはそれを避けさせたいという、「男性向けの説法のための必要悪[26]」であったともいえようか。ちなみに、尼僧が出現したのちは、同じく不淫戒をたもつ尼僧にとって男性は「誘惑者」であったはずであるが、男僧を「誘惑者」とする表現はほとんど見当たらない。これは、仏教教団が男性中心の世界であったからであろう[27]。

たしかにこれは女性をおとしめる考えであり、双方向的な関係の一面しか見ていないが、こうした激しい女性忌避は、いわゆる女性差別、女性蔑視とは若干位相を異にしているように思われる。後述するように、ブッダは、修行を妨げる存在としての性愛、その担い手としての女性を退けたのであり、女性の特質や能力、役割の劣性を述べているのではないのである。

ともあれ、ブッダは、破滅の源である女性を避け、性愛を避け、男性だけで生活し修行をする教団を形成した。人里離れた森林、洞窟、樹下、墓場、露地などに住み、少欲知足の質素な生活で禅定修行をするという形態を確立したのである。周囲の町にいくら魅力的な女性がいようと、それらを避け、男性だけの教団にいる以上、不淫戒を犯す危険性は少ない。少なくとも「誘惑者」の魔の手から逃れる確率は高くなったといえよう。ところが、その仏教教団に女性が参加したいという。女性の出家である。その際のブッダの対応が注目されるところである。

(2) 女性の出家をめぐって

ブッダの成道以来しばらくの間、教団は男性のみで構成されていた。しかし、修行の妨げとして徹底的に忌避されていた女性が、ブッダの教団に参加することになる。その際に、さまざまなトラブルが生じたことは想像にかたくない(28)。

女性の出家が許されるにあたっては、さまざまな経緯が伝えられている。最初に出家し尼僧になったのは、ブッダの継母であるマハーパジャーパティー夫人を筆頭とする二十数人であったといわれる。マハーパジャーパティー夫人は、ブッダの母マーヤーが産後一週間で逝去した後、ブッダを養育してきたが、そのブッダが出家し、実子のナンダも出家し、夫であるスッドーダナ王も亡くした後、釈迦国のカピラ城郊外に滞在していたブッダに出家を願い出る。しかしブッダは、「そのような願いをしてはいけません。またそんなことを考えないことです」と答え、三度にわたる願いを拒否したという。

願いを拒否された彼女は、ブッダを追い、二百キロほど離れたヴェーサリーの町まで厳しい旅を続ける。その間、同じように出家を願う女性たちが仲間に加わり、ヴェーサリーに着いたときには、一団は五百人ほどにふくれあがっていたという。同夫人は再度ブッダに出家を懇願するが、またしても拒否される。それをみて気の毒に思ったアーナンダが、助け舟を出してくれる。アーナンダがブッダに「一体、女性は男性と同じく阿羅漢の位に達することはできないのでしょうか」と問うと、ブッダは「いいえ」と答えた。そこでアーナンダは、「それならば彼女たちの出家は許されてもいいはずではありませんか」と迫った。拒否する理由のなくなったブッダは、ついに願いを聞き入れたという。

ただし、女性の出家には次の八つの条件（八敬法《はちきょうほう》）を付した。(29) すなわち、①たとえ出家して百年の経歴をもつ尼僧といえども、その日に資格を得た男僧に対して敬礼し、合掌し、うやうやしく迎えなければならない。②尼僧は男僧のいない場所で雨安居《うあんご》してはならない。③見習い期間中の尼僧には二年の間、特別な戒を守らせ、それを完全に成し遂げたときに出家が許される。④どのようなことがあっても、尼僧は男僧を罵ったり、非難してはならない。⑤尼僧は半月ごとに、男僧から戒律の反省と説教を受けるべきである。⑥尼僧は雨安居の後で男女両方の僧団に対して、修行の純潔のあかしを立てなければならない。⑦尼僧が重大な罪を犯したときは、男女両方の僧団から半月の間、別居扱いを受けなければならない。⑧尼僧の見習いは、二年の間、一定の修行をしたうえで、男女両方の僧団から一人前となる儀式を受けなければならないというものである。[30]

八つの項目の多くが男性への服従を示している。尼僧は男僧に指導を受け、男僧を尊敬することが強制されているといえよう。この条件に対して、マハーパジャーパティー夫人が抵抗したとの説もある。[31] しかし、結局この条件のもとで、女性の出家がはじめて許されることになる。

尼僧の出家については、さらに戒律の問題がある。戒律が整備されてくると、出家に際して受ける具足戒が、僧の二百五十戒に対し、尼僧は三百四十八戒とされる。[32] 教団において最も重い「パーラージカ」について言えば、①性交をする（婬）、②盗みをする（盗）、③人殺しをする（殺人）、④現実に得ていない宗教体験を得ていると嘘をいう（大妄語）の四者は男僧、尼僧に共通であるが、⑤愛欲の心で愛欲の心をもつ男僧の頸から下、膝から上をつかまえたり、こすりあったり、抱きあったりすること、⑥他の尼僧がパーラージカの罪を犯したのを知りながら隠すこと、⑦教団から弾劾された男僧につき従い、そのために他の尼僧から三度忠告されてもやめないこと、⑧愛欲の心をもった男子に手を握られるにまかせるとか、衣をつかませたままでいるとか、男子と人目のつかぬ場所に入るなどの八つのことを犯すこと、の四者は尼僧に特有のパーラージカ罪であったという。その他、全体的に見て、罪の取り扱いは男僧に甘く、尼僧に厳しくなっている。このように尼僧に戒律が多くなっているのは、尼僧を戒律で縛りつけて、男僧との接触を少なくしようとしたのではないかと考えられる。尼僧も「誘惑者」たりうる女性であることに変わりなかったからである。ブッダは、教団の「偉大な管理者(33)」でもあった。

女性の出家をめぐるこうしたいきさつについては、従来さまざまな解釈がなされてきた。女性蔑視、女性差別以外の何ものでもないという見解から、逆に、当時の状況の中では画期的な平等的女性観だというものまでさまざまである。

ここで確認しておきたいのは、基本的仏教は、人間の平等・無差別を特質としているということである。すなわち、人間は生まれ、階級、男女の別、貴賤にかかわらずまったく平等であるとされる。『スッタニパータ』の「生れによって賤しい人となるのではない。生れによってバラモンとなるのではない。行為によって賤しい人ともなり、行為によってバラモンともなる[34]」との言葉にもそれは表れている。バラモンを頂点とするカースト制度で構成された当時の社会において、これはまさに画期的なことであった。階級を超越した平等思想が、カースト制度と祭祀中心主義のバラモン教に飽きたらなかった一般民衆の心をとらえたのである。仏教教団も、原則的にこの平等観によって運営されていた。すなわち、そこでは、具足戒を受けて一人前の出家者となってからの年数（法臘《ほうろう》）が何よりも尊重され、出自に関係なく出家の早いものが先輩であり、後輩は先輩に対して立って挨拶《あいさつ》し、合掌し、礼拝しなければならなかった。

男女間についても、原則は同様である。宗教的悟りの面で平等とされたことは、出家を許したときのブッダの問答にも表れている。また、「このような車に乗る人は、女であれ、男であれ、実にこの車によって、ニルヴァーナの近くにいる[35]」といった言葉にも表れている。しかし、「悟りは平等」というブッダの宣言にもかかわらず、実際の運営においては、女性は男性に従属した二次的な立場におかれていた。

たしかに、そうした面は否めない。しかし、思想はそれが置かれている時代・社会を勘案して検討されなければならない。条件は男僧よりかなり厳しいとはいえ、悟りにおける男女平等が保証され、女性の出家が許されたことは、注目すべきことである。当時のインドの宗教界にあって、仏教が女性の出家を許可し、女性の聖職者の存在を認めたことは、異例なことであった。二千年以上も前に女性だけの宗教団体が成立したというのは、世界諸宗教のうちでも仏教のみといわれている。ギリシャ人のメガステネースがそれに対して驚きの言葉を発したことが紹介されている。[36]

すでに見たように、当時インドの伝統的な女性観においては、女性は家庭や夫に従属し、個としての生はほとんどなかったといってよい。それが、出家という形で家庭を捨て、自らの救いを追求するという形態が成立しただけでも、画期的なことであったといえる。だからといって、実際上の差別が帳消しになるというわけではないが、時代制約性の中で平等性を貫こうとの初期仏教の志向はうかがえるのである。[37]

(3)『テーリーガーター』にみる尼僧の悟り

出家に厳しい条件があり、戒律が多いにもかかわらず、数多くの女性が出家している。初期の尼僧たちの詩を収めた『テーリーガーター（長老尼偈）』には、七十一名の長老尼の名がみられる。王族出身者二十三名、商家出身者十三名、バラモン階級出身者十八名、遊女四名などであるが、この七十一名の長老尼を頂点とする尼僧の数は相当なものであったと推定される。

彼女たちが出家した理由はさまざまである。子どもを亡くした女性、夫の暴力に堪えきれなくなった女性、夫と死別して身寄りがない女性、近親相姦に気づき逃げ出してきた女性など、一人一人にドラマがある。女性蔑視の社会の中で、耐え忍んで生きることを強いられた女性たちが、出家して男性と平等に修行をし、悟りを得ることができるのは画期的なことであった。戒律は厳しくても、誰にも従属しない自分自身の生を生きられることになったのである。「家庭での虐待、社会での差別の桎梏《しっこく》（手枷《てかせ》、足枷《あしかせ》）からの逃げ場を仏教教団は提供していた」(38)といえよう。

『テーリーガーター』には、尼僧たちの力強い悟りの確信があふれている。なかでも、バラモンの娘であったソーマー尼のものは、性差別に反論したものとして注目される。――「悪魔は言う。『理解し難くて、仙人たちによってのみ把握されるという道理は、二指量の智慧しかない女性にとって、体得することは不可能である』。ソーマーは答えた。『わたしたちのうちで、心がよく安定し、そして智慧が現に生じているとき、正しく真理を観察する者にとって、どうして、女性であることが、妨げとなろうか？　喜びは、いたるところで滅ぼされ、無知の塊は砕かれた。悪魔よ、なんじは、このとおりだと知るがよい。滅ぼす者よ、なんじは打ちまかされている』[39]」と。「二指量の智慧」とは、二本の指で糸を取ったり切ったりすること、あるいは、米の煮え加減を二本の指で確かめるという意味である。そのような浅知恵しかもたない女性が仙人の境地を得るなどできるはずがないという悪魔に対し、ソーマー尼は、性の上の差別は存在しないと宣言しているのである。

また、キサー・ゴータミー尼は、夫や子や家族を失う苛酷な日々の中でブッダに出会い、悟りを開いている。彼女は語る。「わたしは、臨月の身で道を歩いている途中、私の夫が路上に死んでいるのを発見した。わたしは、わが家に達しないうちに、子どもを産んだ。貧苦なわたしにとって、二人の子どもは死に、夫もまた路上に死に、母も父も兄弟も同じ火葬の薪で焼かれた。……わたしは、一族を失い、夫を失って、世間の人々には嘲笑されながら、不死の道を体得した。わたしは、八つの徳目からなる聖なる道、不死に至る道を修めた。わたしは、安らぎを現にさとって、真理の鏡を見た。すでに、わたしは、煩悩の矢を折り、重き荷をおろし、なすべきことを為し終えた[40]」と。彼女の出家の際のエピソードは、よく知られている。彼女は子どもの「亡骸を抱いて『薬よ、薬よ』と町中を歩き廻った。これをあわれんだブッダは『いまだかつて死人を出したことのない家から、芥子の粒をもらって来なさい』と教えた。これを得ることのできなかった彼女は、人生の無常を知って出家した[41]」と。

また、ブッダは、蔑視されてきた遊女たちも差別なく教団に迎え入れている。もと遊女であったヴィマラー尼は、「我が身の容色と幸運と名声を誇り、かてて加えて、年の若さをたのんだ私は、他の女性たちを見下していた。愚かな男たちに言いよられるこの身を美しく飾って、わたしは、網を張って獲物を待つ猟師のように、娼家の門に立っていた。……そのわたしが、いまや、頭を剃り、重衣をまとって、托鉢のために出かけ、そして、なんらの省察作用もおこさぬ者として、樹の下に坐っている。天界と人間界のすべての軛《くびき》を絶ち、すべてのけがれを捨てて、わたしは清涼となり、安らぎを得ている[42]」と語っている。

また、出家してもすぐに悟りを開ける人ばかりではない。次のような尼僧もいる。「わたしが出家してこのかた、二十五年間、わたしは、一度も心に平静をえたことを知らない。心の平静をえず、心を統御することができないままに、そこで、わたしは、勝者ブッダの教えを思いおこして、おののいた」が、「苦しみをもたらすことがらの多い故に、わたしは、精励を喜びとして努めてきたから、愛執の滅尽に達し、ブッダの教えを体得した[43]」と。

ここでも問題は男僧と同じく愛欲である。女性にとっても、愛欲の絆を断ち切るのは難しいことであった。ブッダがそのような道を通っての悟りを示す以上、修行者はその困難を乗り越えるしかない。ただ、こうした修行は、出家という身だからこそできることであり、現世の只中で暮らす女性たちには不可能であったといえる。

ともあれ、こうした尼僧たちの悟りの体験は、長老たちの『テーラガーター（長老偈）』に述べられたものと比べて遜色がないものである。ここには、男性であろうと女性であろうと、ブッダに帰依し修行すれば、悟りに到達できるとの喜びがあふれている。このような女性による文献が残されていること自体、悟りにおける男女平等の一つの証左といえるであろう。女性のおかれていた社会状況を考えると、画期的なことであるといってよい。

4　初期仏教における女性観の特質

以上、初期仏典にみられる女性像をみてきた。社会通念の枠内にあると思われる在家の女性に対する説法はひとまずおくとして、ブッダの女性観が尖鋭に示されるのは、教団にかかわる問題をめぐるときであった。そこにみられる女性忌避・性愛否定は、通常いわれる女性差別とは若干論理が異なるように思われる。ここでは、女性の魅力・性力を知った上で素朴にそれらを避けようとしているのであって、女性性の劣性や悟りに到達する能力の差を述べているわけではない。理論的には悟りは平等とされていることはすでにみた。のちの「女人五障説」や「変成男子説」では女性の救いがたさが強調され、かえって逆説的な形で救いへの希求が強められるが、そうした構造とは別のものである。口をきわめて女性性や性愛が否定されていても、その意図は「君子危うきに近寄らず」といったたぐいのものであろう。そこには、仏教なりの女性性の本質の探究や、二つしかない性としての男性性と女性性の正面からの対決は曖昧である。したがって、「誘惑者」として忌避される以外の場面で登場する女性は、せいぜい社会通念にそった「産む性」としての女性、あるいは「召使のような妻」としての女性、あるいは「美しい道具」としての女性にすぎないのである。

さらに、生の根源力の一つとしての性愛も、その本質が探究されるのではなく、ひたすら避けられている。このような徹底した性愛否定の思想が、インドの豊穣な性愛思想と相いれなかったことは容易に想像できる。仏教がインドに根をおろさなかった一因を、仏教の厳格な性愛否定の思想に見出す指摘もある。(44)

性愛拒否の修行は、出家者だからこそできるものである。俗界の只中で、夫をもち、子をもうけ、愛憎にまみれて生活する在家者には、不可能な修行である。初期仏教は、出家者中心の宗教であった。在家のままで完全な修行を行うのは無理がある。もちろん、在家のすぐれた信者も多く存在し、称えられる女性在家信者もいた。なかには、在家のままで悟りを得た女性も存在する。しかし、スジャーターとケーマーというこの二人は、悟りに達したと同時に出家している。出家した尼僧たちの喜びは『テーリーガーター』を埋めつくしているが、出家できない多くの一般女性たちは、相変わらず男性への従属や愛欲のしがらみの下で苦しんでいる。「悟りは平等」というブッダの思想も教団内でのみ通用することであり、社会通念を変えるところまでは至らなかった。

ブッダ死後、尼僧教団に対する考え方も変化する。女性の出家を許した後、ブッダは次のように言ったと伝えられる。「アーナンダ、女性が出家しなかったならば、梵行は永遠に守られて行くだろう。正法は千年の間、世間に流布するだろう。だが、じつのところ、アーナンダ、いま女性の出家を認めてしまったからには、正法は半分の五百年くらいしか世間に流布しないだろう。たとえば、女性が多い家というのは、盗人や強盗に荒らされやすいだろう。そのように、女性の出家者がいる教団では、梵行はながく続かないだろう」。また、「たとえば、稲田やさつま芋の田に病気が起きると、その田は長く耕作できないように、女性がいる教団は長くは続かないだろう」(45)。

しかし、実際このような対話があったかどうかは疑わしいという。この文献が記されたのはブッダ滅後二、三百年であり、弟子たちが自らの意見を付加して伝えたものともいわれている。ブッダ滅後に、尼僧の存在をよく思わない男僧が、自らの本心をブッダの言葉として残したものではないかと推察できる。また、ブッダ滅後、マハーカッサパたちが、アーナンダが女性の出家に口添えしたことを非難したことがあるが、これも仏教教団の女性観を示すものであるといえよう。後世の教団は尼僧のみの教団を足手まといと感じ、尼僧を出家させたのはブッダの真意ではなかったとしたのであろう。(46)

ブッダ在世当時、理論的には男女平等が説かれ、教え通りに悟りに達した女性も存在した。しかし、教団の中心的担い手は男僧であり、滅後の経典の整備や加筆もかれらによって行われた。時代を経るにしたがってブッダの精神は薄れ、男僧たちの思いがブッダの言葉として経典に記されるようになった。しまいには、ブッダの思想とは似ても似つかない女性差別的、女性蔑視的思想が形成されるようになる。大乗仏典にみられる女性像をめぐる諸問題については、次の機会に検討したい。

注

（1）紙幅の都合上、先駆的な研究のみをあげれば、以下のものがある。笠原一男『女人往生・思想の系譜』吉川弘文館、一九七五年。清水芳巌『女性と禅』国書刊行会、一九七八年。岩本裕『仏教と女性』第三文明社（レグルス文庫）、一九八〇年。梶山雄一『空の思想　仏教における言語と沈黙』人文書院、一九八三年。大越愛子・源淳子『女性と東西思想』勁草書房、一九八五年。小栗順子『女人往生』人文書院、一九八七年。西口順子『女の力――古代の女性と仏教』平凡社選書、一九八七年。高木豊『仏教史のなかの女人』平凡社、一九八八年。大隅和雄・西口順子編『シリーズ　女性と仏教』一〜四、平凡社、一九八九年。立花真紀『女性のための仏教入門――女は仏になれないのか』ＰＨＰ研究所、一九八九年。大越愛子・源淳子・山下明子『性差別する仏教』法蔵館、一九九〇年。田上太秀『仏教と性差別――インド原典が語る』東書選書、一九九二年など。本稿作成にあたっては、訳文等を含めこれらの著作を参照・引用させていただいた。ここに記して感謝する次第である。

（２）『増支部経典』第二巻、『南伝大蔵経』第一八巻、一四四頁。
（３）『ジャータカ』第五三六話、前掲・田上太秀『仏教と性差別』、五一頁。
（４）『増支部経典』第三巻、『南伝大蔵経』第一九巻、九二頁。田上太秀、前掲書、五三―五四頁。
（５）『スッタニパータ』三〇四、中村元訳、岩波文庫、六五頁。
（６）『相応部教典』第一巻、『南伝大蔵経』第一二巻、六三頁。田上太秀、前掲書、五六頁。
（７）スジャーターをめぐるエピソードについては、田辺和子訳「七種の妻」（梶山雄一他編『原始仏典』第六巻、講談社、一九八六年、二六五―二七〇頁）を参照させていただいた。

(8) 岩本裕は、『仏説阿遬達経《あそくだつ》』にみられる同様の妻女観を紹介している。岩本裕『仏教と女性』第三文明社、一九八〇年、二七―二九頁。
(9)『相応部教典』第一巻、『南伝大蔵経』第一二巻、一四五頁。田上太秀、前掲書、一七八―一七九頁。
(10) 同書、第一二巻、五二頁。田上太秀、前掲書、一七八頁。
(11)『テーラガーター』七三九、早島鏡正訳『仏弟子の詩』原始仏典九、講談社、一九八五年、一一五頁。
(12)『ダンマパダ』三四三、中村元訳、岩波文庫、五八頁。
(13)『スッタニパータ』二一八、中村元訳、岩波文庫、四九頁。
(14)『ウダーナヴァルガ』三章、一八、中村元訳、岩波文庫、一七一頁。
(15)『雑阿含経』第四五巻、『大正大蔵経』第二巻、三三一頁下。中村元訳『悪魔との対話』中村元訳、岩波文庫、一八九頁。
(16)『スッタニパータ』三四一、中村元訳、岩波文庫、七一頁。
(17)『ダンマパダ』二一〇―一、中村元訳、岩波文庫、三九―四一頁。
(18) 早島氏によれば、『テーラガーター』および『テーリーガーター』においては、欲望や愛欲は「蛇の毒」、「有毒な愛執」、「悪瘡の根」、「悪臭を放ち、棘の多いもの」に譬えられ、煩悩は増大するものであるから蔓草、ダッバ草、ビーラナ草などに譬えられる。また、煩悩は人間を輪廻の流れにおしゃるものだから、煩悩や愛執は「あらゆる激流」、「大きな激流」、「愛執の流れ」などに譬えられている。早島鏡正『初期仏教の実践と展開』著作集2、世界聖典刊行協会、一九九二年、九六―九七頁。

(19)『ダンマパダ』三三五―六、中村元訳、岩波文庫、五七頁。

(20)大越愛子氏は、「この性否定のすさまじさは比類がない。ブッダは何ものにも執着するなと説いたが、彼の性否定への執着は、彼自身の教えを裏切るほどである」と指摘している。大越愛子・源淳子・山下明子『性差別する仏教』、一八頁。

(21)中村元『ゴータマ・ブッダ』、『中村元選集』第一一巻、春秋社、一九六九年、六五頁。

(22)同書、七九頁。

(23)『スッタニパータ』八三五、中村元訳、岩波文庫、一八五頁。

(24)『スッタニパータ』七〇三、中村元訳、岩波文庫、一五三頁。

(25)大越愛子、前掲書、二六頁。

(26)本庄良文「初期仏教は女性をどう見たか」、『季刊　仏教』第一五号、特集＝差別　一九九一年、八四頁。

(27)中村元氏も、「男性のほうが、当時の教団の中心だった。男性が指導力をもっていたわけですね。それで男性に対して、女性に迷わされるなということを叩き込むためにああいう説き方をしたんだろうと思いますね」と指摘している。中村元・瀬戸内寂聴〔対談〕「釈尊――その精神をどう生きるか」、『仏教』第八号、一九八九年、四〇頁。

(28) 松涛弘道氏は、「異性を見る意識や行動が尋常でないことは万古不易の真理であり、こうした危険性を承知の上で異性である女性の入団を認めることが釈尊やその教団にとっていかに至難のことであったか推察にあまりある」と指摘している。松涛弘道「仏教の女性観」、『大法輪』第四二巻四号、一九七五年四月、一〇三頁。

(29) 永田瑞氏によれば、八敬法がマハーパジャーパティーの出家時に制定されたものでないことは、律典の研究によってすでに明らかになっている。しかし、近い内容のものが与えられたことは推測できるという。永田瑞「仏典における女性観の変遷　三従・五障・八敬法の周辺」『シリーズ　女性と仏教』2　救いと教え、平凡社、一二八—一二九頁。

(30) 『増支部経典』第二巻、二五五、二八二頁。田上太秀、前掲書、八二—八三頁。八敬法の解釈についてはさまざまな見解がある。川橋範子は、「仏教が性差別的であるか否かを判断する際にいわば『踏み絵』のように使われる、女性出家者のみに課された『八敬法』の解釈をめぐっては、女性研究者のあいだでも評価が分かれている」とし、「仏教研究においてもフェミニスト神学のような方法論的精錬が求められるのではないか」と指摘している。川橋範子「現代日本の仏教とジェンダー　フェミニスト仏教は開花するか?」、『新アジア仏教史　15　日本V　現代仏教の可能性』佼成出版社、二〇一一年、二〇四頁。

(31) 永田氏によると、夫人は「出家して百年〜」の項に不満をもち、ブッダに説明を求めたところ、

「すべての尼僧は、すべての男僧に対して礼をしなければいけない。とくに男僧の精舎に行ったときは、頭を下げて、足に礼をせよ。ただし、老衰や病弱のために体力のないものは、その体力に応じた礼をせよ」と例外を認めたという記述が、『摩訶僧祇律』に見られるという。永田瑞、前掲書、二二五―二二五頁。

(32) 尼僧の戒律をめぐっては、岩本裕『仏教と女性』、佐藤密雄『原始仏教教団の研究』山喜房仏書林、一九六三年、永田瑞、前掲書でくわしく論究されている。

(33) 梶山氏は、女性の出家を許可する際のブッダのためらいは、「女性が悟りを得られないということのためではなく、将来、比丘と比丘尼の教団の間、仏教教団と一般社会との間に問題が起きるであろうことをブッダは懸念しなければならなかったためである。ブッダは宗教上の聖者であるのみならず、また偉大な管理者でもあったのである。彼の躊躇や懸念は、多数の弟子たちを率いる指導者としては、まったく当然のことであった。したがって、この出来事は、ブッダの女性差別を示すものと解釈すべきではない」と指摘している。梶山雄一『空の思想　仏教における言語と沈黙』人文書院、一九八三年、二〇二頁。

(34) 『スッタニパータ』一三六、中村元訳、岩波文庫、三五頁。

(35) 『相応部経典』一篇五章六節。中村元訳『ブッダ　神々との対話』岩波文庫、七四頁。

(36) 「独身で淫楽を断った婦人たちがかれらとともに哲学する」とメガステネースが驚きの言葉を発したことが紹介されている。中村元『原始仏教　その思想と生活』日本放送出版協会、一九七〇年、一四三頁。

(37) 梶山雄一氏は、ホーナーの「この規定は、女性をその分に安んじさせるための打算的な規定というよりは、世間に広まっている旧来の伝統の産物である」との指摘は当を得ているとしながら、「むしろ、女性に対する一般社会の差別が根強い因習として続いているのに対して、ブッダは、男性と女性の宗教上の能力は平等であると唱えたのであった」としている。梶山雄一、前掲書、二〇二―二〇三頁。

(38) 田上太秀、前掲書、八一―一六頁。

(39) 『テーリーガーター』六〇―六二、早島鏡正訳、二〇一頁。

(40) 『テーリーガーター』二一八―二二三、同書、二二四―二二五頁。

(41) 『テーリーガーター』同書、三〇三―三〇四頁。

(42) 『テーリーガーター』七二―七六、同書、二〇三―二〇四頁。

(43) 『テーリーガーター』三九―四一、同書、一九八頁。

(44) 源淳子「日本仏教の性差別」、大越他『性差別する仏教』、九二頁。

(45) 『律蔵』四、『南伝大蔵経』第四巻、三八二頁。田上太秀、前掲書、八一頁。

(46) 田上氏は、「仏教の性差別は仏教本来の思想であったのではなく、これを伝えた男性の心にあったことを知らなければならない。そして仏教を差別の宗教であるかのようにした責任はすべて男僧たちにあった……」と指摘している。前掲書、三頁。

〈本論文は『東洋哲学研究所紀要』第九号（一九九三年十二月）に掲載された論文「初期仏教における女性の問題」を修正・加筆したものです〉

【池田SGI会長の描く女性像】①

女性の時代を拓いた中国の母たち

大江平和

20世紀の中国は波瀾に満ちていた。1911年、辛亥革命《しんがいかくめい》によって清朝が倒れ、中華民国が成立。その後、日本の侵略戦争に勝利し、内戦の混乱を経て、1949年、中華人民共和国が誕生。しかし、その後の道のりも決して平坦なものではなかった。

このような激動の歴史のなかに身を置きながらも、その波にのまれることなく、誇りと勇気をもって生き抜いた3人の中国女性がいた。一人は、香港の「芸術の母」と慕われた、現代中国画の巨匠――方召麐《ほうしょうりん》。もう一人は、ペンに託して、「愛心」を世界に広めた中国女性――謝冰心《しゃひょうしん》。そして3人目は、周恩来総理を陰で支え抜き、生涯を人民に捧げた人民の母――鄧穎超《とうえいちょう》である。20世紀中国史に残る、この3人の傑出した中国女性に光をあてて、池田SGI（創価学会インタナショナル）会長の中国女性像を描いてみたい。

1　香港の芸術の母――方召麐

「栄光の母」、「世界の母の模範」と池田SGI会長が讃えてやまない、香港の高名な画家である方召麐（1914―2006）氏。方召麐氏と池田SGI会長の初の出会いは1996年3月、香港大学からの名誉博士号授与式の席上であった。

このとき、池田SGI会長を含め6人が受章したが、そのうち2人の女性が、この方召麐氏と、令嬢の陳方安生《ちんほうあんせい》氏の母娘だった。陳方安生氏のほうは、香港の政務長官という要職に就いた、香港の新しい女性の時代の先駆者である。池田SGI会長と方召麐氏との出会いは6度を数え、幾重にも親交を深めてきた。

方召麐氏は、1914年、無錫《むしゃく》に生まれた。動乱の時代にあって、11歳のときに父親を暗殺される。しかし、残された方召麐氏の母親は、「どのような時代になっても、学ぶ人は恐れることがない」という信念のもと、氏に教育を受けさせ、絵画の才能を磨かせた。氏もそれに応え、学びに徹した。

その後、結婚し、子どもを次々と生み育てるようになっても学び続けた。時代は日中戦争の真っただ中であり、方召麐氏の一家も戦火を避けて各地を転々とせざるを得なかった。ようやく香港に移った矢先、突然、最愛の夫を病で亡くすという悲劇に見舞われる。このとき方召麐氏は36歳。11歳を頭に3歳までの8人の幼子が残された。しかし、方召麐氏はその悲哀のどん底から立ち上がる。そして、人生の勝利の山へ、自分の決めた「芸術の道」の頂上へ向かって、決然と登っていった。

池田SGI会長は、ここに方召麐氏のもつ真の人間の強さと偉さがある、と指摘したうえで、次のように語っている。

「不幸をバネに、より一層、強くなり、より一層、大きく勝利してみせる——そういう心をもつかどうかである。人生は順調な時ばかりではない。また、そうであっては人間ができるはずがない。苦労につぐ苦労、波乱万丈の人生を生き抜いてこそ、深みのある本物の人物ができるのである。その『揺るぎなき境涯』にこそ本当の幸福もある」（『聖教新聞』1996年3月18日)。

方召麐氏は、貿易会社を懸命にやりくりしながら、8人の子ども全員に立派な教育を受けさせ、育てあげていく。そして、仕事と子育てのあいまをぬって絵の修行も続けていった。さらに、40代に入ると、香港大学、次いでオックスフォード大学に入学し、再び学びの挑戦を始めた。8人の子どもたちは、政務長官、弁護士、医師、国連職員、会社社長など、各分野で活躍している。

方召麐氏はまた、自身の健康法として、中国の古典『易経《えききょう》』の「天行《てんこう》は健《けん》なり。君子もって自《みずか》ら強《つと》めて息《や》まず」という一節をあげている。それは、「天体の運行は健やかで、休むことがない。君子は、それと同じように、自分自身を励まし努力することを、やめない」という言葉である。方召麐氏はこの言葉を通して「地球も毎日たゆみなく回っています。人間も、地球と同じように、たゆみなく仕事を続けていけば、健康になります。そして精神を高めることができます」と語った。

池田SGI会長は次のように指摘している。

「一ぺんに偉くなろうとか、早く有名になろうとか、裕福になろうなどと、あせる必要はない。地球もあせらない。太陽もあせらない。それでいて着実に、たゆむことなく『わが軌道』を進んでいる。人生も確かな『軌道』に乗り、軌道の上を確実に進んでいるかどうか。それが一番大切なのである。見栄を張り、虚栄を追い求めるような人生は、結局、確かな法則から外れてしまう。自分らしく、人知れず、地道に、こつこつと努力し抜いた人が、最後は勝つ」(『聖教新聞』１９９６年3月18日)。

１９９６年、方召麐氏が82歳のとき、池田ＳＧＩ会長は長編詩「偉大なる大地の母――尊敬する方召麐女史に捧ぐ」を贈った。そこでは母を太陽になぞらえ、方召麐氏だけにとどまらず、世界のすべての母への池田ＳＧＩ会長の尽きぬ感謝の思いが溢れている。方召麐氏の芸術に捧げた崇高な生涯は、ＳＧＩ会長との友誼の歴史とともに、永遠に輝き続けていくにちがいない。

2　「愛心」を世界に広めた中国女性――謝冰心

「愛心」とはすべての母、すべての女性が紡ぎ出す「平和を愛する心」、「慈愛の精神」

といえようか。この「愛心」をペンに託して、世界に広めた女性——謝冰心（1900—1999）氏。近代中国初の女性作家、詩人、中国児童文学の開拓者である。創価学会の戸田城聖第二代会長と同じ1900年に福建省福州市で生まれ、1999年、98歳まで生き抜き、この世を去った。まさに20世紀中国とともに駆け抜けた人生であった。日本にも戦前、戦後をあわせると10回訪れており、日本人にとってもなじみ深い。

謝冰心氏の作品には、「愛の哲学」、「愛心」が脈打っており、その源には母の存在があった。謝冰心氏の母、楊福慈《ようふくじ》氏は、実際はどのような人物であったのだろうか。1932年、謝冰心氏が発表した『女のひとについて』（原題『関於女人』）の「私の母親」のなかで、実の母親をモデルとして次のように描いている。（引用部分は筆者訳）

「母は〝家庭〟をこよなく愛していました。幸せな家庭こそ、あらゆる幸福と力の源だと考えていたからです」

「母は一日中家をきりもりするだけでなく、読書をしているか、さもなければ、家事をしている、物静かな人でした」

「母は喜んで父や私たち兄弟の友人をもてなしてくれました。友人たちがやってくると、心ゆくまで遊ばせ、ご馳走をしたので、喜んで満足して帰っていくのがつねでした」

「父は大家族の三番目の息子で、兄弟姉妹が多く、出世している者はほとんどいませんでした。そこで彼らの子女の教育係は父が担っていました。これについては、母も父を助け、父が経済的支援をし、母は精神的に手助けしていました。我が家にはつねに7、8人の子どもが同居しており、休みになると、子どもたちはさらに増えました。母は虚弱な身体をおして、面倒を見ていました。どんなに多忙であっても、母の口元からはつねに微笑みがこぼれていたものです」

「母は人を見抜く力をもっていました。会ったとたん、その人物の性格を見抜くことができました。ですから父や私たちの友人の選択にあたっては、母は貴重な手助けをしてくれました」

「母は非常に高い鑑賞力をもっていました。部屋の装飾や庭の配置にしても、服飾の色やスタイル等にしても、母がちょっと手を加えただけで、見違えるようにセンスが良くなりました」

これらの描写からは、家庭を幸福と力の源だと考え、家庭を大切にし、向学心旺盛で、よく働き、物静かで、それでいて感受性が鋭く、洗練された母親であったことが見える。また来客があれば、心からもてなし、喜んで、親戚の子どもたちの面倒をみ、どんなに多忙であっても微笑みを忘れなかったようだ。

「母は政治にも強い関心をもっていました。30年前、私の何人かのおじは同盟会の会員でした。日頃、情報の伝達や手紙のやりとりは母の名で行われていました。たしか私が8歳のときだったと記憶していますが、ある大雪の夜、母が数十冊の『天討《てんとう》』を、それぞれ肉デンブ（肉をほぐし、砂糖などを加えて煎《い》った食品）の筒の中に入れ、赤い紙で筒の口を封じて送るのを手伝ったことがあります」

この部分からは、夫が清朝の海軍であるにもかかわらず、身の危険を顧みず、清朝打倒を呼びかける中国同盟会のパンフを、ひそかに同志に郵送していることがわかる。母、楊福慈氏が政治に強い関心をもっているだけでなく、強い信念と勇気をもって行動する人であったことがうかがえる。

「五四運動以降、母は新文化運動にも興味をもち、時代に取り残されないように、本を読んだり新聞を読んだりしていました」

「私や弟たちの伴侶選びについても、母は何も言いませんでした。『あなたたちが好きになる人は、母も好きになりますよ』と言うのがつねでした」

時代の大きな変化のなかで、つねに学び続ける。伝統や形式にこだわらず、実質をとる柔軟な進取の気性が見て取れる。そして、子どもたちの意見を尊重する母親であったようだ。

「自然なことですが、この世の子どもたちは、少なくとも7割以上は、自分の母親が一番すばらしいと思っていると思います。私も、私の母はこの世のすばらしい母親のなかでも最もすばらしい母親だと思っています」

また、アメリカ留学前と最中に書いた『小さき友へ』（原題『寄小読者』、『冰心全集第二巻』１９９４年）のなかで、謝冰心は次のように母親のことに触れている。

「このように深く、真摯《しんし》で、開かれた心を、あまねく天下の知あるものたちが、こぞって賛嘆するよう願っています」

「母よ、あなたは大海です。私はその刹那《せつな》にはね上がる波しぶきにすぎません。しばし、一番低い空間で、さまざまなきらめきを放ちながらも、つかの間、再び母のふところのなかへ飛び込んでいくのです」

「母よ。……あなたのほかに、誰が永遠の魂の帰るべきところだというのでしょう?」

母の愛こそ、力の源であり、帰るべき心のふるさとであると子どもたちに訴えている。謝冰心氏自身、このような母の愛に支えられて人生の幾多の困難を乗り越えてくることができたのであろう。

謝冰心氏と池田SGI会長とは、2度にわたり出会いを結んだ。初の出会いは、1980年4月、中国作家代表団副団長として巴金氏らとともに来日した折、静岡で会見した。当時79歳。日中両国の文学について、日中友好について、さらには青年への期待について真剣に語り合われたという。

このとき紫式部とともに話題にのぼった宋代の女性詩人・李清照は、謝冰心氏が米国留学中にウェズリー大学に提出した修士論文のテーマでもあった。謝冰心氏の印象について、池田SGI会長は「よく笑い、よく語り、頭脳は明晰であり、打てば響くように、言葉が返ってきた」(『聖教新聞』2002年6月30日)と述懐している。一方、謝冰心氏は、池田ＳＧＩ会長との出会いの印象を、「名山に遊ぶを得、さらに諍友《そうゆう》（率直に語り合う友）を得。これ東遊（訪日）の一大楽事なり。ただ願わくは後継の人ありて、中日両国人民子々孫々友好なれば、老人の願い満たされん」としたためた。この「友好」の二字に千万言の思いが込められていた。

謝冰心氏は、夫の仕事の関係で、敗戦直後の日本に５年間滞在している。来日直後、目にした敗戦国日本の惨状は目を覆うばかりであった。かつて渡米の途中にたち寄ったときの日本の風景は変わり果てていた。謝冰心氏はそのときの様子を次のように綴っている。

「果てしのない瓦礫《がれき》の山、ボロボロの服を着た女性、やつれ果てた人の群れ……」（「従重慶到箱根」『冰心全集第三巻』１９９４年）

かつてアメリカでともに学んだ学友も、「ほとんどすべて憔悴した顔つきで、やつれ果てていたのを見た。彼らの家は爆撃によって破壊され、書籍も焼き尽くされていた」（「不要汚染日本子孫万代心霊」『文芸報』１９８２年第９期）

謝冰心氏は大きな衝撃を受けるとともに、深い同情を禁じえなかった。焼け野原と化した東京に、疎開先の重慶で目にした爆撃の惨状を重ね合わせていた。その同苦の心は、

「戦争は絶対反対」、「中日友好」という固い信念となった。謝冰心氏は、母の愛と力こそが戦争を止めることができる、このことを声を大にして訴えた。

「母の愛とは慈しみであり、優しさであり、忍耐であり、寛大さである。しかし同時に母の愛は、厳しさと激しさ、抗《あらが》う強さ、そして正義感も備えている。全人類の母よ、全世界の女性よ、立ち上がろう。そして、子どもたちを信じよう。もし母である私たちが問われたなら、恐れを抱かぬ精神で、毅然としてこう語ろう。戦争は不道徳なものであり、憎しみの連鎖をもたらす。暴力と侵略は、最後には敗北するだろう、ということを。母の慈しみと優しさが、世界は本来『平和』であり、人間は本来『自由』な存在だということを子どもたちに教える。そして、民族と民族、国家と国家の間は、ただ愛と互いに助け合う精神があって、初めて永久の安穏と平和が得られるのだ」と。

(「給日本的女性」『冰心全集第三巻』１９９４年)

池田ＳＧＩ会長と謝冰心氏の２度目の出会いは、同じ月、今度は池田ＳＧＩ会長が訪中した折、北京での答礼宴での再会であった。

この答礼宴の主賓は鄧穎超氏であった。実は、謝冰心氏と鄧穎超氏も深い友情で結ばれていた。反右派闘争のとき、夫、長男、弟が次々と右派分子のレッテルを貼られた。四面楚歌のような苦境のさなか、謝冰心氏を自宅に呼んで、家族のように真心から励ましてくれたのは、周恩来・鄧穎超夫妻だった。文化大革命中、「労働改造」のため、農村に送られていた謝冰心夫妻を北京に呼び戻してくれたのも、周恩来・鄧穎超夫妻だった。鄧穎超氏は病に倒れた謝冰心氏を見舞うため自宅にまで訪れている。

池田ＳＧＩ会長と2度の出会いを結んだその年の秋、謝冰心氏は脳血栓で倒れた。そのうえ、転倒したときに腰骨の一部を骨折し、右半身が麻痺してしまった。絶望の闇のなかで一筋の光を見いだせたのは、子どもたちへの愛情が溢れていたからだった。23歳で『小さき友へ』を書き始め、とぎれとぎれではあったが、60年近くも書き続けてきた。続けてこられたのは、読者であるたくさんの『小さき友』が寄せてくれた手紙のおかげだという。

「みなさんの真心に、ぜひとも、こたえてあげたい」という思いがいつまでも若さを保たせてくれたという。謝冰心氏は半身不随の身で再びペンをとり、１９８０年、北京医院の病室で『三たび小さき友へ』を書いた。『小さき友へ』からすでに55年、『再び小さき友へ』からはすでに20年の歳月が流れていた。その序文には次のように記した。

「……このたった数百字を書くのにさえ、30分もかかってしまいました。でも私は、来年には、病気をすっかり治して、再び、小さなお友だちのために、何か書きたいと願っています。西洋のことわざに『人生は40歳から始まる』とあります。私は『人生は80歳から始まる』心意気で、小さなお友だちであるみなさんと一緒に前へ進むよう、がんばるつもりです」

序文に記したこの意気込みのままに、謝冰心氏は創作の炎をいやまして燃やし、98歳の生涯を閉じるまで、「愛心」の闘争を貫いていった。

池田ＳＧＩ会長は、謝冰心氏について、「人に『与える』こと、『尽くす』ことが天性だった」と指摘し、そんな氏の一生を「人間への真紅の愛情を、花園のように広げた一生だった。あふれくる慈愛ひとつをエネルギーにして、中国の激動の一世紀を生き抜き、勝った」（『聖教新聞』２００2年6月30日）と讃えている。

3　中国のために全生涯を捧げた「人民の母」——鄧穎超

池田ＳＧＩ会長と鄧穎超（１９０４—１９９２）氏との初の出会いは、周恩来総理の逝去の2年後、１９７８年、第４次訪中のときであった。総理と池田ＳＧＩ会長との会見からすでに４年がたっていた。１９７４年12月5日、会見に反対する医師たちに周総理は、「どんなことがあっても会わねばならない」と、病身をおして池田ＳＧＩ会長との会見を実現させた。そのとき、「恩来同志が、そこまで言うのなら、会見を許可してあげてください」と言ったのは、誰よりも総理の心を知る鄧穎超氏だった。

鄧穎超氏に初めて会ったときの印象を、池田ＳＧＩ会長は次のように述懐している。

『ああ、この人ありて、周総理の勝利はあったのだ』と。

飾らない人民服に、おかっぱ頭。

気取りのない、庶民的で温かい人柄。優しく、こまやかな応対。

『革命の闘士』という言葉から連想される〝いかつさ〟は微塵もない。

鋼鉄の信念は、ふっくらとした微笑みのなかに自然に溶け込んでいた。

総理と表裏一体と言おうか、総理の『心』そのものと今、出会っていることが直観的にわかった」（『聖教新聞』１９９８年９月６日）

「それは、総理の〝分身〟との語らいであった」（『聖教新聞』１９９７年11月１日）

鄧穎超氏も「恩来同志から、池田ＳＧＩ会長のことは、いろいろ聞いております。初めてお会いしたとは思えません」と出会いの喜びを表した。そして「桜の満開のころ日本に行きたい」と告げた。それは総理と池田ＳＧＩ会長との「会話の続き」であった。

「桜の季節に」――それは名誉会長が周総理に託した願いでもあった。

周総理との一期一会の会見のとき、「50年前の桜の季節に私は日本を離れました……」と語る総理に「ぜひ、また桜の季節に日本においでください」と語った名誉会長。「願望はあるが、無理でしょう」と周総理。――その言葉通り、総理はそれから一年余にして帰らぬ人となった。

総理のかつての〝願望〟通り、鄧穎超氏は来日を果たす。それは亡き周総理が日本の桜に別れを告げてから、ちょうど60年目の春であった。鄧穎超氏が来日した春、あいにく東京の桜は開花が早く、見頃は過ぎていた。「総理が愛された、日本の桜を見てもらいたい」。池田SGI会長は、せめてもとの思いで東北から取り寄せた満開の八重桜を届けた。

実は、総理夫妻の自宅の庭には2本の桜があったが、1本が枯死してしまった。2本の桜のもとで写真を撮り残さなかったことが鄧穎超氏の心残りであったという。そうした話を耳にした池田SGI会長が、人民のために生きた夫妻を永遠に記念するため、創価大学のキャンパスに植えたのが〝周夫婦桜〟である。来日の折にも、鄧穎超氏にアルバムを見せている。「これは私たちの友情を象徴するものです」と、鄧穎超氏はことのほか喜んだという。

鄧穎超氏は、1904年、広西省南寧で生まれた。父親を急病で亡くし、母親の手ひとつで育った。母子は生きるために、各地を転々とした。母がようやく勤めた北京平民学校。しかし、創立者の陳翼龍《ちんよくりゅう》先生が反革命勢力に殺害される。鄧穎超氏は9歳。初めて見る「革命の殉教者」の壮烈な姿に号泣した。

そんな娘に、母は言った。「泣くんじゃないよ。死んだ人は、泣いても帰ってこない。私たちの心には永遠に先生が住んでいる。先生から学んで、勇敢に生きていかなくちゃいけないよ！」。この母の叫びは、娘の生涯の誓いとなった。その後、周総理と15歳で出会い、21歳で結婚。以来、激戦の連続の人生であった。のちに鄧穎超氏は、池田ＳＧＩ会長夫妻に次のようにしみじみ語ったという。

「前も敵でした。後ろも敵でした。毎日、毎日が、そうでした。何十年間、そうでした。私たちは戦いました」（『聖教新聞』２００２年９月５日）。

「若いころ、恩来同志と二人で約束したことがあります。それは『全心全意（心の底から）人民に奉仕する』ことです。この誓いは死んでも変わりません」（『池田大作全集72』、１９９６年）。

あの長征の時、鄧穎超氏は結核を患いながら参加した。食事も薬もままならず、敵に狙われるなか、実に１万２千５百キロ、１年数カ月もの大行軍に耐えた。それを支えたのは鄧穎超氏の革命にかける強き信念と大楽観主義の精神だった。

池田ＳＧＩ会長は、「偉大な人は、意気消沈しないものだ。何があっても、心は追い込まれない。いつも意気軒高に、朗らかに前進する。この強さがあればこそ、どこででも最後の勝利がある」（『聖教新聞』１９９８年９月６日）と指摘している。

1990年、最後の出会いとなった5度目の語らいのとき、鄧穎超氏から池田SGI会長に、総理愛用のペーパーナイフと鄧穎超氏愛用の玉製の筆立てが記念に贈られた。それは、鄧穎超氏の池田SGI会長に寄せる信頼と友情の心がどれほど深いものであったかを物語っているといえよう。

以上の傑出した3人の中国女性は、同じ時代に、画家として、作家として、政治家の妻として、それぞれ違う立場で、使命に生き抜き、勝利の山を登攀《とうはん》していった。しかし、池田SGI会長の3人に注がれる眼差しは、全く同じであることに気づく。そこには、人生の最後の瞬間まで、勇気と希望をもって戦い続けた、太陽のような母たちへの尊敬と尽きぬ感謝、そして報恩の思いが込められている。

立場は違っていても「平和こそ民衆の悲願である。友好こそ進むべき道である」という信念を共有する3人と池田SGI会長の戦う魂が出会い、強く響き合い、深い友情の心を結ぶことができたのではないだろうか。池田SGI会長は次のように指摘している。「人間にとって、母を思う一念がいかに強いか。母を思い、母のために立ち上がれば、人間は最も強く、最も正しくなれるのです」（『聖教新聞』２００１年６月６日）。

また、いつの時代にあっても、どの国であっても、戦争で最も苦しめられてきたのは女性たちだったとし、「人類の歴史を『戦争と暴力の時代』から『平和と共生の時代』へと転換させるには、女性の役割が何にもまして重要」と訴える。「女性は本来、現実主義者であると同時に、生命を慈しみ守りゆく、豊かな感性をもった平和主義者である。そして正義感が強く、真面目で、忍耐強い」。そして、「女性には社会を『善』なる方向へ、『希望』の方向へ、『平和』の方向へと導く智慧と力がある」（『地球対談　輝く女性の世紀へ』２００３年）と女性に限りない期待を寄せる。それゆえに、母を「太陽」にたとえ、太陽が昇れば闇は消えるのだ、と心からの賞賛を惜しまないのである。

第3章　グローバル社会における平和創出と女性
――エンパワーメントをめぐって

大島京子

はじめに

現代社会における「平和」について述べるには、世界（地球）、国家、地域社会、組織、個人の各レベルにおける「平和」を考慮する必要があるが、本稿では、女性の権利や社会的立場など、女性を取り巻く社会環境をグローバルに捉えたうえで、現代社会における女性と「平和創出」への個人レベルの課題について、女性のエンパワーメント（empowerment）の視点から考えていきたい。最初に「平和創出」の意味の確認、次に「グローバル社会の女性」についての概観を述べたうえで、さらに「平和創出」と女性のエンパワーメントの関係について、最後に、「平和創出」と女性について「仏教の平和理念」を通して述べていくことにする。

1　平和創出とは

平和創出（peace-creating）とは、平和研究において、1990年以降、使われ始めた概念であり、必ずしも明確な定義づけはされていない。ここでは、1つの試みとして、次のように考えていくことにしたい。

冷戦後の1990年代以降、国際社会で「紛争予防外交」という考えかたとその取り組みが展開されるようになった。この「予防外交」とは戦争や武力紛争が発生または悪化する前に、関係国あるいは国連のような国際機構が、紛争の悪化を阻止し、または紛争の発生そのものを防止するためにとる行動のことであり、「予防外交」はその紛争の各段階に応じて、平和創造（peace-making）・平和強制（peace-enforcement）・平和維持（peace-keeping）・平和構築（peace-building）の4つに分類されている。

一般的に広く、ここの「平和創造」「平和構築」と「平和創出」は同義の意味合いを持つ言葉として使われているが、「予防外交」での「平和創造」とは、国際紛争を軍事力に頼らず平和的に解決することであり、例えば、外交交渉・仲介・調停・仲裁裁判・司法裁判などである。「平和構築」とは武力紛争の原因となりうる人権の抑圧、資源の不足、貧困などに直接働きかけて、戦争の根本要因を未然に摘み取る活動であり、例えば、紛争後の平和構築として、平和維持活動を行ったり、戦争や内戦から平和への移行過程にある国家や地域の復興を支援する活動を行ったりすることである。本稿では、「平和創出」は「平和創造」「平和構築」を進める際の規範となる平和的な思想・価値観・哲学などを創り出し、個人・非政府組織・市民社会・国家などあらゆる段階における平和教育・平和活動・対話を通しての平和意識啓発で平和社会を築くことであると考えていきたい。

2　グローバル社会の女性

「女性」の地位が、男性に比較し低く見なされ、権利が認められてこなかった事実は、歴史・文化・慣習・地域を問わず、現代でも共通していることである。本節では、現代においても「差別」「格差」が実在するという現実からその是正に如何に取り組むかということを始点としていることを確認しておきたい。女性の平等の権利を保障した「女子差別撤廃《てっぱい》条約[1]」が採択されてから、30年以上の年月が経過したが、現代までの、女性の権利獲得の経緯と現代社会における女性の社会的立場を概観し、その向上実現へむけ、何が必要なのか、なかでも、女性のエンパワーメントについて述べていきたい。

(1)「人権宣言」以降

歴史的に、男女差別の是正は如何に行われてきたのだろうか。1789年のフランス人権宣言は「人は、自由かつ権利において平等」であることを謳《うた》ったが、オランプ・ドゥ・グージュは、この宣言における「人権」は「男性の権利」に過ぎないことを指摘し、1791年に「女性および女性市民の権利宣言[2]」を発表した。1848年、アメリカでは、1776年のアメリカ独立宣言は黒人奴隷《どれい》や女性の権利を守るものではないことに反対し、ルクレシア・モットー、エリザベス・スタントンらは、セネカフォールズ(ニューヨーク州)で、「女性の所感宣言[3]」を発表した。ニュージーランドで、世界初の女性参政権[4]が獲得されたのは、「アメリカ独立宣言」、「フランス人権宣言」から100年あまりも経た、1893年のことであり、その後も、男女平等の実現への努力はされたものの、政治的・経済的・社会的・文化的関係においても、また人道的にも差別は存続していた。

(2)「世界人権宣言」以降

第二次世界大戦後、国際社会は、1945年、国際連合憲章で、「…人種、性、言語または宗教による差別なく、すべての者のために人権及び基本的自由を尊重するように…後略」(国連憲章第1条3)と定め、男女差別を含むあらゆる差別のない社会を目指した。1948年、第3回国連総会で採択《さいたく》された世界人権宣言では、前文に「男女の同権についての信念を再確認し」と謳い、第2条1項において、「すべて人は、人種、皮膚の色、性、言語、宗教、政治上その他の意見、国民的もしくは社会的出身、財産、門地その他の地位又はこれに類するいかなる事由による差別も受けることなく、この宣言に掲げるすべての権利と自由とを享有《きょうゆう》することができる」と定め、国連は、男女平等の実現に向け、様々な取り組みを行ってきた。1979年、女性への差別撤廃と男女の実質的平等を保障し、平等達成へ向けて国家が積極的な措置をとる責任を明確にした「女子差別撤廃条約」の採択に至り、各国はその条約をうけ、平等の実現を目指し、制度改革を進めてきた。1975年から国連が開催している、女性の地位向上実現のための「世界女性会議[5]」は、1995年の北京会議で、北京宣言と行動綱領を採択した。

（3）現代における女性の社会的立場

北京会議以降、世界的に見て女性の社会的立場の保障は進展したが、現実の社会では、いまだ、男女差別や格差の問題は厳然と存在している。

例えば、人間開発指数（ＨＤＩ[6]＝Human Development Index）でみると、

①最も基本的指数である識字率（15～24歳）では、男性91％・女性86％（２００３―２００７年全世界平均　ユネスコ統計研究所）

②初等教育就学率では、男性90％・女性87％（２００３―２００８年　同）

また政治的な意思決定に関わる社会的地位でみると、

①国会議員における女性議員割合は18・８％（２０１０年　全世界平均　列国議会同盟＝ＩＰＵ調査）

②国連の全有資格職員での女性割合44・８％（国連事務局報告２００９年現在）

といった状況であり、ＵＮＤＰ（国連開発計画）が採用するジェンダー開発指数（ＧＤＩ[7]＝Gender-related Development Index）によると、教育・経済活動・政治参加などのジェンダー不平等があり、女性が抱える社会的・経済的・政治的な格差は、開発途上国に限定されてはおらず、先進国にも見られる。

1975年、メキシコで国連が開催した女性の地位向上実現のための初の「世界女性会議」は、平等・開発・平和の3つをテーマに開催。1995年、北京で開催された第4回世界女性会議では、実質的な男女平等の推進などを目指す北京宣言と問題解決のための行動綱領を採択した。その中では、現代社会における、女性をとりまく「差別」「抑圧」の諸問題の解決と是正を始点として、12領域[8]（①貧困 ②教育・訓練 ③健康 ④暴力 ⑤武力紛争 ⑥経済 ⑦権力・意思決定 ⑧制度的仕組み ⑨人権 ⑩メディア ⑪環境 ⑫女児）として挙げ、これらの問題解決の必要性を提示している。

この諸問題の多くは、特に開発途上国で多く見られる。しかし、開発途上国と先進国と同じ尺度で見ることはできないが、先進国である日本においても、経済の領域で、女性の低賃金、管理職が少ないなどの問題があり、権力・意思決定の領域では、行政や司法などへの参画が遅れていること、また暴力の領域ではDVに対する解決策の遅れなど女性をとりまく諸問題は、途上国のみならず先進国も含め、グローバルに捉える必要がある。

（4）現代日本における女性の社会的立場

日本は、1980年、女子差別撤廃条約に調印し、1985年、同条約を批准《ひじゅん》した。それに伴い国内法、制度を整備した。具体的には、男女雇用機会均等法制定などがあり、男女共同参画社会[9]を目指す制度が整備されていった。

ここでは、日本の現状について見ていくことにする。調査によると、日本の女性の社会的立場の女性比率は、

①各学校の教員総数では、小学校61・7％、中学校40・3％、高等学校27・1％、短大50・1％、大学20・1％（文部科学省調査２０１０年）

②地方議会議員11・1％（総務省調査２０１０年）、国会議員13・3％（衆・参議院事務局調査２０１０年）

③裁判官16・5％（最高裁判所調査２０１０年）

④検察官13・6％（法務省調査２０１０年）

⑤弁護士16・3％（日弁連事務局調査２０１０年）

⑥企業の部長3・1％、課長5・0％、係長11・1％（厚生労働省調査２００９年）など

である。

また、各分野における「平等感」の世論調査（内閣府「男女共同参画社会に関する世論調査」２００９年）では、

①「家庭生活における男女の地位の平等感」は「平等」と答えた人は43・１％
②「学校教育における…」…68・１％
③「職場における…」…24・４％
④「政治の場における…」…21・０％
⑤「法律や制度の上での…」…44・４％
⑥「社会通念・慣習・しきたりなどにおける…」…20・６％

などであった。実際の社会的立場に占める割合と、「平等」実感の間には多少のずれはあるが、事実上の「平等」が定着しているとはいえない。

日本は、同条約批准以降、男女格差の是正への努力はされ、成果は出ているものの、２００９年、国連女性差別撤廃委員会の発表した、日本報告に対する最終見解は、２００３年の勧告後も差別解消に向けた取り組みが進んでいないことを厳しく指摘するものであった。また２００９年報告の、日本のジェンダー・エンパワーメント測定（ＧＥＭ[10]＝Gender Empowerment Measure）の国際ランクは１０９ヶ国中57位と、先進国でありながらも極めて低い。しかしながら、現実の格差是正や平等の実現は、単に国家レベルの努力だけでは実現できるものではなく、社会、個人のレベルの努力も必要とされる。

女子差別撤廃条約の骨子の1つに、伝統的性別役割分担の否定があるが、これは、社会や家庭における固定的な男女の伝統的な性別役割が女性に対する差別の根源となっており、男女の実質的平等の達成のためには「伝統的性別役割」を否定し、改める必要があるということである。しかし、この「役割分担」を否定し、改めるということは、社会での仕事や家庭内の家事などを全て50・50での実行を強制されるということを意味するものではない。伝統的・慣習的な「女性はこうあるべき・男性はこうあるべき」という既存の枠をはずし、女性も男性も、社会においても家庭においても、「参加」への「選択」の自由と幅が拡大されたということである。つまり、男性も女性も個人として何をどう選択するか自己決定する必要があり、「自立」が要求されているということである。ここでいう「自立」は経済的・社会的自立のみではなく、人間としての精神的自立として捉える必要がある。

(5) 女性のエンパワーメント

「エンパワーメント」という英語の起源は17世紀の用語で、権力をもつものが、もたざる他者に、権利や権限を与えることの意として使われ始めたとされる。20世紀後半、社会運動の展開などを契機に、その使用領域は、教育、社会福祉、医療、途上国開発など様々な分野に拡大され、社会的・政治的・経済的・法的な力を「与える」「与えられる」という概念だけでなく、「獲得する」という概念としても理解され、自らの自己決定能力などの「力を獲得する」あるいは「自ら力をつける」という意味ももつようになったといわれている。

北京行動綱領の冒頭で「この行動綱領は女性のエンパワーメントのためのアジェンダ(11)である」と宣言している。差別や抑圧を受けてきた女性が、自ら力をつけて、自身をとりまくあらゆる局面において、主体者となるという女性のエンパワーメントの考え方は、同会議以降、世界で広く認識されるようになった。女性の潜在的能力を基礎とするこの「女性のエンパワーメント」という能動的概念で示される「力」は、知識・技術といった外面的能力だけでなく、自信・勇気といった内面的能力、また、エンパワーメントを進めるための女性どうしの連帯力・協力、更に人間関係力をも含むと認識する必要がある。

3　エンパワーメントと平和創出

(1)　女性のエンパワーメントの課題

「女性のエンパワーメント」を実行する行動主体を、国家・社会・個人の三者とみるならば、①国家による法律・制度の改革と整備　②現実社会におけるエンパワーメントの実質化　③個人における自立ためのエンパワーメントの確立、の三つの側面が、現実的なエンパワーメント促進のためには、必要であると考えられる。

全ての意味において「女性のエンパワーメント」を実現するための課題は大きい。ここでは、「女性のエンパワーメント」へのアプローチについて調べ、特に、個人における自立のための内面的エンパワーメントに焦点をおいて、その現状をみていきたい。

エンパワーメントの拡大を図るために、意思決定参加・男女共同参画の推進とそのための資金調達・メディアリテラシー・法的識字能力・政治参加・クォータ制[12]の導入・コミュニティ参加・女性センターの設置・経済力・社会的ネットワークなどが促進されており、これらは外面的エンパワーメントとして考えられる。

アンケート調査研究などを通して確認できる、エンパワーメントの評価指標として「参画・参加した」「発言した」「行動した」「連帯した」「協力した」「創造した」「運営・資金管理を行った」「自分自身が変化した」「意識が変化した」「新たな目標をもった」「満足した」「自信をもった」などがあげられる。これらの評価指標の要素は、様々な実践のなかで、女性たちが共同して目標を設定したり、組織的事業に参加したりすることにより得られるものである。ここで示される「意識が変化した」「新たな目標をもった」「満足した」「自信をもった」などの指標は内面的エンパワーメントの側面として認識できるが、これら内面的エンパワーメントについてのアプローチはない。

「女性のエンパワーメント」研究[13]で、エンパワーメントの行動主体についての側面として、①組織体による集合的な行為を通じて求められる場合②個人によって達成される場合の2つをあげ、エンパワーメントが生ずる具体的な課題についての側面として、③実際的な必要性（衣食住など日常生活でのニーズ）という課題④戦略的な利益（構造や制度の変革）という課題の2つをあげ、4側面の分析をしているものもあるが、このアプローチにおいても、「内面的なエンパワーメント」の要素は入っておらず、研究対象となっていない。

女性のエンパワーメントは、女性が自立して、自らの生活にかかわる能力と権力を確保することと考えられるが、女性たちが協同して、ジェンダーの視点で社会を変え、動かしていく主体となることも不可欠の要素である。女性のエンパワーメントを進めるために、もっとも重要で効果的な方法の1つは、この「女性どうしの協力」であると報告[14]しているものもある。ここで指摘される「協力」を通して、女性たちが連帯していくことは、外面的・内面的エンパワーメントをともに支える方法として認識すべきである。

以上のように女性のエンパワーメントの解釈・捉え方、またアプローチの方法は様々である。上述した女性の地位向上のための公的機関による法的・制度的整備や、社会の中でのエンパワーメントの実質化として、知識や技術を身につけていくこと、また育児・子育て支援などの外面的エンパワーメントについては多く報告されており、またそれらに関する研究上のアプローチも多い。しかし、個人の「自立性」「主体性」「行動性」を促すという意味での内面的エンパワーメントについては、その結果や効果の測定が難しく、その現状分析や、効果的な方法などは報告されておらず、研究上のアプローチもないことがわかる。

(2) 女性のエンパワーメントと平和創出への貢献

女性の生き方や活動が、「平和創出」につながるという指摘は多い。平和学者であり、女性の生き方についての研究者でもあるエリース・ボールディングは「女性の力は世界を動かす原動力としての役割を担っているのです。もっともっと多くの女性が、自分たちこそ『平和の文化』の建設者であると目覚めていくことは間違いありません[15]」と述べ、また、環境問題の市民運動から出発し、現在は世界で平和活動を展開している未来学者のヘイゼル・ヘンダーソンは「世界の女性たちは『愛情』と『勇気』を、家庭や周囲の人間関係、さらには企業の経営や政治の場に注ぎ込んでいます。この女性のもつ力が、21世紀にとってどれほど重要なものであるか、計り知れません[16]」と述べている。

２０００年の「国際女性の日」に開催された国連安全保障理事会において、アンワルル・チョウドリ議長（当時）は「女性が平和維持や平和構築で重要な役割を果たし得る。そのために女性の政治的・経済的エンパワーメントが必要である。紛争下、地域社会の崩壊過程における社会秩序の維持や平和教育における女性の役割は不可欠である[17]」と声明発表を行った。また、同年、国連特別総会において、コフィ・アナン国連事務総長（当時）は、女性と平和に関する演説のなかで「最善の紛争予防における戦略が平和創造者としての女性の役割拡大にあることが立証されるものと期待しています[18]」と述べている。

一般的には、現実問題として、妻や母として生活の場に密着しているのは、女性が圧倒的に多いという観点から、女性のエンパワーメントが、女性本人のみならず、子どもや家族に及ぼす影響は大きく、女性の発展が社会の発展につながり、ひいては「平和創出」にもつながるという考え方もある。

２０００年10月、国連安全保障理事会が採択した国連安保理決議１３２５号では、武力紛争によって女性が被《こうむ》っている影響を認識したうえで、「紛争防止・解決と紛争後平和構築」

における女性の役割を重視し、「平和」への意思決定過程での女性参加を促し、女性を「被害者」であると同時に和平プロセスへの主体者として認識することを提言している。この1325号決議がされた背景として、先に述べた1995年、北京・世界女性会議での「女性への暴力」「女性と武力紛争」についての問題提起、前述の、アンワルル・チョウドリ国連安保理議長（当時）の声明、コフィ・アナン国連事務総長（当時）の演説、また、この国連特別総会で開催された「21世紀のジェンダー的不平等・開発・平和」をテーマとした「女性2000年会議[19]」などがあげられる。

この安保理決議後、女性が和平会議に参加することにより、平和への貢献という意味において、いくつかの成果があった。具体例をあげると、アフガニスタン紛争の和平会議・復興会議、ダルフール和平協定会議などへの女性参加で、生活の場に密着した問題や子どもの人権保護や教育など現実の問題が議題に上るようになり、和平への過程において、重要な進展があったことなどが報告されている。

この「女性参加」の考え方は、単に、武力紛争下の局面に止まることなく、他の社会的・経済的・政治的局面の平和的問題解決における意思決定過程での「女性参加」と広く解釈されてきており、それを実現するためにも、外面・内面の両面における女性のエンパワーメントの促進が重要な課題と考えられる。しかしながら、女性のエンパワーメントやその促進が、必ずしも、平和創出に貢献できるとは限らない。全ての事柄の発展・進展に善悪双方の可能性があるのと同様、エンパワーメントおよびその促進活動の進展には、「平和の方向」か「平和ではない方向」かの双方の可能性があるからである。つまり、女性のエンパワーメントが「平和創出」に貢献するためには、「平和」という価値観を認識した上でのエンパワーメントが要求されることになり、その点を考慮すると、各自の中に「平和」の価値観を培《つちか》う「平和理念」を確立するという内面的エンパワーメントが不可欠であると考える。

4　平和創出と女性──仏教の平和理念の視点から

本節では、上記内容を考慮したうえで、池田大作ＳＧＩ（創価学会インタナショナル）会長による『「ＳＧＩの日」記念提言』[20]、『法華経の智慧』[21]などで提示された仏教の平和理念、および「仏教に説かれる女性」についての現代的解釈を手懸かりとして、差別や抑圧を被っている女性が、単に受身の存在ではなく、「平和創出」への問題解決の能動的主体者へと変革していく過程での、平和的・内面的エンパワーメントのあり方について、考察していきたい。

（1）仏教の平和理念――自他ともの幸福と社会の平和

2011年の『「SGIの日」記念提言[22]』のなかでは、人間の生き方について、釈尊の言葉を通して、次のように言及されている。

「釈尊の言葉に『生まれを問うことなかれ。行いを問え。火は実にあらゆる薪《まき》から生ずる』とあるように、仏法では、どんな人にも尊極な生命が内在するがゆえに人間は根源的に平等であると強調する一方で、生命を輝かせるカギはあくまで自らの行動にあると説きます[23]」と述べて、人間の尊厳と平等を認識することと、さらに、その基点から発した自発的行動の重要性を示している。そして「そのうえで、『一切の生きとし生けるものは、幸福であれ、安楽であれ』と説くように、自他ともの幸福と社会の安穏を目指す生き方を促す教えなのです[24]」とある。ここでは、社会における、自利・利他の菩薩《ぼさつ》的生き方を示し、人々の幸福と社会の安穏・平和を築くための、人間のあるべき姿を提示していると考えられる。

菩薩とは、一般的に、悟りを求め、努力する求道者のことであり、小乗の菩薩と大乗の菩薩の別があるが、ここで、大乗仏教の菩薩について述べていくことにする。大乗仏教における菩薩は、菩薩道を歩み、成仏して、人々を救済することを目指すとされている。大智度論には「一切衆生《いっさいしゅじょう》のために、生老死を脱するが故に仏道を索《もと》む、これを菩提薩埵《ぼだいさった》と名づく[25]」とある。大乗における修行者としての菩薩と小乗の菩薩との違いは、大乗の菩薩は、利他的意義を含めた存在であるということである。

菩薩の誓願について、摩訶止観《まかしかん》[26]には、「四弘誓願《しぐせいがん》[27]」として説かれているが、これは、大乗の菩薩が初発心《しょほっしん》のときに起こすべき４つの誓願のことである。この４つの誓願の１つに「一切衆生をすべて悟りの彼岸に渡すと誓うこと[28]」とあるが、その意は、一切衆生すべてを救うということであり、菩薩の利他的生き方を示している。さらに、１９９８年の『「ＳＧＩの日」記念提言[29]』は、菩薩の特性はさまざまな角度から論じることができることを述べたうえで、「人権」という観点からとりわけ重要なポイントとして指摘したいこととして、菩薩が自ら誓いを立て行動しゆくこと――他律的でも外在的でもない、「誓願」という自発能動の内発的な精神に支えられている点であると述べている。このことは、「誓願」が自立した精神に基づく利他的生き方に根ざしたものであることを示唆している。

（2）仏典における女性の平和的生き方

内面的エンパワーメントは、人間の意識・内面に働きかけることになり、結果として、人間の生き方に反映されていくことになるが、ここでは、人間としての「自立」への「意識」の問題を、仏教の視点から「生き方」の問題として捉えてみたい。

さらに、「女性のエンパワーメント」について、1つは「自立」という視点から、もう1つは「平和創出への貢献」という視点から、それを支える人間としての行動に関する課題について、大乗経の仏典に登場する、2人の女性の生き方を通して見ていきたい。

〈女性の「誓願」と利他的生き方〉

先に述べたように、大乗仏教では、菩薩の利他的生き方について説かれているが、ここで、大乗経典の1つである「勝鬘経《しょうまんぎょう》」(30)の中に登場する勝鬘夫人の生き方をとりあげていくことにする。

経文によると、勝鬘夫人は、釈迦在世当時の王妃で、非常に賢く、人格も優れ、利口で、仏法に通じ、悟りを得、常に仏を信じ、衆生を教化したとされ、釈迦も、夫人に対して多くの教えを説いたとある。(31) 前述の1998年の「SGIの日」記念提言に、その勝鬘夫人のことが書かれており、その菩薩的生き方について、次のように述べられているところがある。

「仏典には、釈尊と同時代を生きた勝鬘夫人という女性の誓願にまつわるエピソードが説かれております。（勝鬘夫人は）『私は、孤独な人、不当に拘禁《こうきん》され自由を奪われている人、病気に悩む人、災難に苦しむ人、貧困の人を見たならば、決して見捨てません。必ず、その人々を安穏にして、豊かにしていきます』とある。そして、その誓願のままに、利他の実践を生涯貫き、人々の『善性』を薫発《くんぱつ》していったというのであります(32)」と説明されているが、ここでは、「誓願」というかたちで、積極的・主体的に生きた勝鬘夫人という1人の女性の行動を通して、仏教に説かれる「菩薩的生き方」を現代社会に生きる人間のひとつのモデルとして捉えていることがわかる。

さらに、人間の権利の在り方について、「菩薩論を通して訴えたいのは、人間が人間であることの権利、また義務を守るのは、定められた規範があるからといった〝外在的理由〟ではなく、他の人々が人間らしい生活を送ることを脅かされている状態を、同じ人間として見過ごすことはできないという、やむにやまれぬ〝内発的な精神〟に支えられてこそ、はじめて人権は分かつことのできない普遍的な（自他ともの）拠り所となっていくのではないか、ということなのです(33)」と指摘しているところでは、あくまでも、外からではなく自身から発した決意と行動によって、「菩薩的生き方」をすることが、自他ともの「人権尊重」となっていくことを示していると考えられる。

2006年の国連への提言[34]の中では、この勝鬘夫人について、自ら立てた誓願のままに、生涯、苦悩に沈む人びとのための行動を貫き通したことを指摘し、SGIの信奉する仏法には、この大乗仏教の精神が脈々と流れていると指摘している。そして、現代世界において人間の尊厳を脅かす脅威に立ち向かい、その解決のために努力を続ける国連を、SGIが支援しているのは、勝鬘夫人に象徴される菩薩的生き方の1つの帰結であることが述べられている。

ここで書かれた「菩薩的生き方」は、仏教の「平和理念」の根幹であることを提示しているのではないだろうか。また、このことは、現代社会にあっても、一人ひとりが、勝鬘夫人のような「菩薩的生き方」をすることを通して、世界の「平和創出」へとつなげることができるということを示唆していると考えられる。

〈女性の自立的・主体的・行動的生き方〉

ここでは『法華経の智慧』に書かれている、法華経提婆達多品《だいばだったほん》[35]における「竜女成仏《りゅうにょじょうぶつ》」についての現代的解釈をもとに、女性の生き方について考えてみたい。

法華経に説かれる「竜女」は、沙竭羅竜王《しゃかつらりゅうおう》の8歳の娘で畜身であり、提婆達多品で成仏したことが説かれている。『法華経の智慧』では、この竜女成仏（女人成仏）について、「女性を差別する思想に対して、実証をもって、それを打ち破った『大いなる人権宣言』なのです[36]」と位置づけた上で、現代的に論が展開されている。

経文には、――文殊師利《もんじゅしり》は〝龍王の娘は8歳で、智慧にすぐれ、衆生の諸々の素質がいかに現れるかを知り、仏の教えを深く心に記憶して忘れず、悪を防ぐ能力を得て、諸仏の説く甚深の秘蔵を悉く受持し、深く禅定に入って、諸法を完全に会得し、菩提心をおこし、不退転の境地を一瞬のうちにして得た…後略…〟といった[37]――と、竜女が即身成仏[38]したことが説かれている。それに対し、――智積《ちしゃく》菩薩は〝仏の悟りは、長い間の苦行によって得られるものである〟…中略…〝竜女の即身成仏は信じない〟といった[39]――とあり、智積が竜女の成仏を疑ったことが明らかにされている。

『法華経の智慧』では、この点について、「竜女の成仏は、全女性の成仏を表すだけでなく、じつは男性の成仏をも表しているのです。女性の成仏を否定する男性は、自分の成仏を否定しているのです[40]」とあり、成仏に男女の差別はないことを明記している。さらに「どんな差別でも、だれかを差別するということは、自分自身の生命を差別することなのです[41]」と示している。このことは、自他ともの「人権尊重」は必然であることを意味していると考えられる。

さらに、経文では、――竜女が釈尊の前で、〃…前略…私が菩提を成ずることは、ただ仏のみ知ってくださっています。私は大乗の教えを開いて、苦悩の衆生を救ってまいります〃[42]――と、決然と誓いをしている。この経文の解釈として『法華経の智慧』では「『真実は仏がわかってくれている。自分はただ、自分を救ってくれた妙法の力で、人々を救っていくだけだ』と。即身成仏とは『苦しむ人を救わずにおくものか』という仏の強い心を、我が身に開くことなのです」[43]と述べられているが、ここでは、竜女のその決然とした生き方、すなわち、自他ともの幸福を願い、自身の周りで苦悩を抱える人々に対し、必ず救っていくとの強い決意で生きていくことが、菩薩的生き方であり、人間の尊貴な生き方であることを示唆している。さらに「男性であろうが、女性であろうが、その人が何をしたかによって、高貴にもなれば卑しくもなる。問題は『行為』である。『心』である。それが釈尊の精神でしょう」[44]と述べ、男女を問わず人間の尊厳性は、出身や性別、社会的立場で決まるのではなく、その人の生き方が問われることを提示し、仏教の精神を明らかにしている。

『法華経の智慧』で展開される「竜女成仏」は、決然と誓って、自利利他の戦いを起こしていく竜女を通して、一人の女性の自立的・主体的・行動的な生き方を提示していると考えられる。

結　び

勝鬘経に登場する勝鬘夫人の生き方は、「誓願」というかたちを通して主体的で自立した生き方を示しており、それは菩薩的生き方であり、大乗仏教の慈悲の精神を象徴しているといってもよい。勝鬘夫人は、王妃という立場であったが、人間の価値は、立場や地位ではなく、その行動と精神であると認識し、その考え方を貫いたといえる。それは徹して、積極的に他者と関わり、自他ともに幸福を目指していく生き方であったとみることができる。一方、法華経に説かれる「竜女成仏・女人成仏」の原理を通してみると、「竜女成仏」のなかには、差別意識など既存の価値観から新しい価値観への変革に対し行動していく生き方、他者に支配されず、また他者に依存しない生き方、社会的には弱い立場であっても、差別意識などの社会的不正義の本質を見抜く生き方など、「自立」した生き方を見ることができる。

前述した、１９９５年の北京会議で採択された「行動綱領」では、「女性の人権は普遍的な構成要素であって、すべての人権を享受することが女性のエンパワーメントと自主性のために決定的に重要である」ことを再確認している。さらに、「女性と男性との間の平等が社会全体のために有益である」ことを認めている。また、２００７年のユニセフ白書は、紛争地域での女性に関し、「女性は紛争の単なる被害者ではなく、和平プロセスの成功と政治の長期的安定に寄与する重要なアクターであるという認識が最近になって出てきた(45)」と述べたが、このことは、女性が被害者という受身の立場だけではなく、紛争解決のような政治的意思決定における主体者になることが期待されつつあることを意味している。つまり、女性の権利保障、平等への動きなど、女性のエンパワーメントは、社会全体の動向を左右しているといえる。

現代社会において、全ての意味で「女性のエンパワーメント」を実現するためには、「自立」への意識が要求されることは前述した。紛争地帯・難民・ＤＶなど女性のおかれている環境が、極めて逼迫し緊急な場合は、先ずは「保護する」ことと同時に、外面的エンパワーメントが重要であるということを考慮すべきであるが、女性の地位向上など社会的な外面的エンパワーメントを進めつつ、真に平等な社会を実現するためにも、個人の「自立」を促すという意味での内面的エンパワーメントが必要となる。

先に述べた「勝鬘夫人」や「竜女成仏」のエピソードが示す、それぞれの女性の「誓願」というかたちでの意識構造と、「菩薩的生き方」というかたちでの自他ともの幸福を目指す

「生き方」は、現代社会にあって、女性の自立を促す内面的エンパワーメントを支え、「平和創出」に貢献する「価値観・考え方」を示しているといえる。さらに、仏教に説かれる「平和理念」に基づくこのような「生き方」は、現代社会の諸問題を抱えている人々が、その困難を乗り越えることのできる自己を確立するため、また人々の幸福と社会の平和を実現していくための「価値観・考え方」を明確に提示するものとして捉えることができる。

ここで述べてきた「価値観・考え方」は、「…であるべき」「…すべき」という規範的な概念でもなく、また「…である」といった分析的な概念でもなく、1人の人間が、内発的・自発的に「…する」「…します」という主体的且つ能動的な概念として捉えられるものである。

このような「平和の価値」をもった内面的エンパワーメントが、制度改革に偏りがちな外面的エンパワーメントによるトップダウン的改革から、草の根的、ボトムアップ的に社会変革を促すことにつながり、平和創出へとつながると考えていいのではないだろうか。

注

（1）正式名称は「女子に対するあらゆる形態の差別の撤廃に関する条約」1980年採択

（2）作家・革命家の Olympe de Gouges によりフランス人権宣言を模して書かれた。

(3) 米国で最初の女性権利大会(セネカフォールズ大会)に於いて女性運動家のLucretia MottとElizabeth C Stantonらにより提出された。
(4) 国政のレベルではニュージーランドが世界初の女性参政権を確立。
(5) 第1回世界女性会議はメキシコ(1975年)・第2回はコペンハーゲン(1980年)・第3回はナイロビ(1985年)・第4回は北京(1995年)で開催された。
(6) 平均余命・成人識字率・就学率・一人当たり実質GDPなどで算出される。
(7) 男女の、平均余命・成人識字率・推定勤労所得などで算出される。
(8) 12の重要問題領域と女性の関係を分析し、その問題解決を課題とする。
(9) 男女が社会の対等な構成員として政治的・経済的・社会的活動に参画する機会を確保し責任を担う社会。
(10) 女性の政治・経済への参加および意思決定力を、国会議員・管理職・専門職・技術職・推定勤労所得の男女比などで測る。
(11) agenda 検討課題
(12) Quota system(割り当て制)。男女機会均等の実現を目的として、政策決定機関で、一定割合の女性枠を設ける。男女格差を是正するために、暫定的にとられる方策。
(13) 田中由美子・大沢真理・伊藤るり編著『開発とジェンダー』――エンパワーメントの国際協力――国際協力出版会 2002 243~244頁

(14) 世界子供白書「ジェンダーの平等がもたらす二重の恩恵」UNICEF　2007　79頁
(15) エリース・ボールディング／池田大作『平和の文化の輝く世紀へ』潮出版社　2006　218頁
(16) 池田大作／ヘイゼル・ヘンダーソン『輝く女性の世紀へ』主婦の友社　2003　255頁
(17) 2000年　国際女性デー　国連安全保障理事会 アンワルル・チョウドリ議長声明（内閣府男女共同参画局資料より）
(18) 2000年6月15日に開催された、国連特別総会「女性2000年会議 21世紀に向けた男女平等、開発および平和」における事務総長演説（国連広報センター広報資料より）
(19) 2000年に開催された「21世紀に向けた男女平等、開発および平和」国連特別総会
(20) 1983年以降、池田SGI会長が毎年1月26日に発表する『「SGIの日」記念提言』は「平和提言」として知られている。
(21) 池田大作『法華経の智慧　二十一世紀の宗教を語る』第三巻　聖教新聞社　1997年
(22) 池田大作　第36回「SGIの日」記念提言「轟け！　創造的生命の凱歌」『聖教新聞』2011年1月26・27日付
(23) 前掲・注(22)
(24) 前掲・注(22)
(25) 大智度論　大正新修大蔵経第25巻　86頁
(26) 天台摩訶止観のこと　大正新修大蔵経第46巻　1～140頁参照

(27) 前掲・注(26) 139頁
(28) 前掲・注(26) 139頁
(29) 池田大作　第23回「SGIの日」記念提言「万年の遠征――カオスからコスモスへ」『聖教新聞』1998年1月26・27日付
(30) 勝鬘獅子吼一乗大方便方広経のこと　大正新修大蔵経第12巻　217〜223頁
(31) 前掲・注(30) 217頁(参考文献(21)より現代文へ要約)
(32) 前掲・注(29)
(33) 前掲・注(29)
(34) 池田大作　提言「世界が期待する国連たれ」『聖教新聞』2006年8月30日付
(35) 法華経提婆達多品　大正新修大蔵経第9巻　34頁
(36) 前掲・注(21) 114頁
(37) 前掲・注(35) 34頁(参考文献(20)より現代文へ要約)
(38) 竜女の変成男子と「即身成仏」の関係について、前掲(21) 123頁に「竜女の成仏は、あくまでも『即身成仏』です。女性の身のままで、成仏したのです。変成男子は、舎利弗をはじめ、成仏は男性に限られると思い込んでいた人々に対して、竜女が成仏したことを、わかりやすく示すための方便にすぎないでしょう。男性にならなければ成仏できないという意味ではないのです」と説明されている。

（39）前掲・注（35）34頁（参考文献（20）より現代文へ要約）
（40）前掲・注（21）１２２頁
（41）前掲・注（21）１２２頁
（42）前掲・注（35）34頁（参考文献（20）より現代文へ要約）
（43）前掲・注（21）１１８頁
（44）前掲・注（21）１３３頁
（45）前掲・注（14）62頁

参考文献

（１）「男女共同参画統計データブック２００９」ぎょうせい
（２）「女性学研究」第１号　女性学研究会編　勁草書房　１９９０
（３）藤掛洋子編『人々のエンパワーメントのためのジェンダー統計・指標と評価に関する考察――定性的データの活用に向けて――２００３』国際協力事業団・国際協力総合研究所２００４
（４）「女性白書２００８」――女性と人権　世界人権宣言60周年――（日本婦人団体連合）
（５）「女性白書２００９」――女性差別撤廃条約30年――（同）
（６）「女性白書２０１０」――女性の貧困―変わる世界と日本の遅れ――（同）

（7）リサ・タトル著　渡辺和子監訳「新版 フェミニズム事典」明石書店　1998
（8）国際連合憲章
（9）世界人権宣言
（10）女子差別撤廃条約（女子に対するあらゆる形態の差別の撤廃に関する条約）
（11）第4回世界女性会議　北京宣言・行動綱領
（12）日本の女子差別撤廃条約実施状況報告に対する最終見解（国連女性差別撤廃委員会）
（13）国連事務局報告2009
（14）「人間開発報告書2009」（国連開発計画＝UNDP）阪急コミュニケーションズ
（15）野々村恵子・中藤洋子編著『女たちのエンパーメント』国土社　1997
（16）村松安子・村松泰子編著『エンパワーメントの女性学』有斐閣　1995
（17）神谷治美・島田洋子・石田きぬ子・吉中康子共著『女の自立とエンパワーメント』ミネルヴァ書房　2005
（18）池田大作／アドルフォ・ペレス＝エスキベル『人権の世紀へのメッセージ』東洋哲学研究所　2009
（19）「妙法蓮華経 並 開結」創価学会教学部　創価学会　2002
（20）「新国訳大蔵経」④法華部2　大蔵出版
（21）「新国訳大蔵経」⑧如来蔵・唯識部1　大蔵出版

第４章　池田思想にみる「人間の安全保障」

豊島名穂子

１　はじめに

「人間の安全保障」は、国連開発計画（United Nations Development Programme 以下、ＵＮＤＰ）が発刊している『人間開発報告書１９９４年版』で取り上げられたことを機に広く知られるようになった言葉である。

積極的に推進している国には、カナダやノルウェー、日本などがある。日本は、国連に人間の安全保障基金を設置し[1]、２０００年には日本外交の柱の一つとして「人間の安全保障」を位置づけた。対象とする具体的な問題は、貧困、保健・医療、麻薬、難民、犯罪、災害、環境問題など多岐にわたり、資金・技術援助を主に行っている[2]。

そもそも「人間の安全保障」とは、何を意味するのであろうか。実は、公式の定義を持っていないのである。UNDPの報告書は、「人間開発」を「人々の選択の幅を拡大する過程」と定義し、「人間の安全保障」とは「これらの選択権を妨害されずに自由に行使でき、しかも今日ある選択の機会は将来も失われないという自信を持たせること」(3)とした。しかし、2001年に設置された人間の安全保障委員会(4)は、「人間の安全保障」とは「人間の生にとってかけがえのない中枢部分を守り、すべての人の自由と可能性を実現すること」とUNDPとは異なる内容を示した。こうした状況は、稲田十一が、『人間の安全保障』という言葉は、学問的に定まった定義があるわけではなく、各国際機関・援助機関がそれぞれの組織目的に応じて、その意味を定義している(5)」と指摘している通りである。本稿では、人間の安全保障委員会による定義と報告書の内容を一般的な「人間の安全保障」として扱うこととする。

池田SGI(創価学会インタナショナル)会長は、1995年、ハワイの東西センターで、「平和と人間のための安全保障」と題する講演を行い、早くから「人間の安全保障」に注目していた。(6)その後も「SGIの日」記念提言(以下、SGI提言)などで、度々「人間の安全保障」に触れている。また、世界各国の識者との対談においても、「人間の安全保障」を取り上げている。たとえば、2000年に発刊されたマジッド・テヘラニアン氏(7)との対談

『二十一世紀への選択』や、2005年の『インドの精神――仏教とヒンズー教』と題するベッド・P・ナンダ氏(8)との対談などがある。

なぜ、池田SGI会長は、このように「人間の安全保障」に言及を続けているのであろうか。その理由は、これまでの池田SGI会長による「人間の安全保障」に関する記述、発言の中に発見できるのではないかと考えられる。そこで、SGI提言や講演、対談において実際にどのように「人間の安全保障」が示されているのか整理し、その内容と特徴を検討していくこととする。

2　提言、対談における「人間の安全保障」

本節では、SGI提言をはじめとした提言、対談などにおいて「人間の安全保障」がどのように記述されているのかについて検討する。

(1)SGIの日記念提言における「人間の安全保障」

SGI提言は、1983年から毎年1月26日の「SGIの日」に、発表されている。

表1は、1994年以降のSGI提言で「人間の安全保障」という言葉が述べられた箇所をまとめたものである。提言が発表された年と、「人間の安全保障」の記述があった提言内の文章を抜粋して記載している。同じ年の提言において、「人間の安全保障」が複数回登場した場合には、意味内容に支障のない範囲で区切り、番号（①②…）を付けている。

表1　SGIの日記念提言における「人間の安全保障」

年	提言内の言及箇所
1995	①「ヒューマン・セキュリティー（人間のための安全保障）」という発想に立つ構想が模索されております。
	②「ヒューマン・セキュリティー」の枠組みを、一日も早く確立できるよう英知を結集すべき時であります。ヒューマン・セキュリティーという広義の概念は、平板な平和観では達成しえません。
1996	①やはり私は、この新しいコンセプトの核心をなすものは、「国」よりもまず第一に「人間」そのものを守る――「ヒューマン・セキュリティー（人間のための安全保障）」の概念でなければならないと考えます。

	②今、国際社会は、この「人権の普遍性」確立へ向けて、ようやく本腰を入れ始めたといえましょう。国連もこの流れを後押ししようとさまざまな努力を続けておりますが、なかでも私が注目しているのは、「人間のための安全保障」を実現する上で前提となる「人間開発」の達成度を細目にわたって数値化し、問題の所在を明らかにすることで、各国に状況の改善を促そうという試みであります。
	③私は、広義の「人権」、いうなれば人間が「真に人間らしく生きる権利」の確保こそ、「人間のための安全保障」の核心をなすものであらねばならないと考えます。
1997	①「地球上から〝悲惨〟の二字をなくしたい」との恩師の熱願がまさに結晶したこの宣言（原水爆禁止宣言のこと）には、今日叫ばれる「人間の安全保障（ヒューマン・セキュリティー）」の核心に通じる先見的な思想があったといえましょう。
	②今や「平和」の概念は単に〝戦争のない状態〟にとどまらず、広い意味での「人間の安全保障」が焦点となってきております。
1998	近年、そのＮＧＯに結集した民衆自身の意欲的な取り組みによって、人権や人道の分野だけでなく、幅広い意味での「人間の安全保障」という観点から新しい国際社会の潮流が次第に形成されつつあり、その活動はこれまで国家の専権事項であった軍備・安全保障の分野に及ぶなど、数々の具体的な成果を勝ち取るにまで至っています。
1999	いずれにしても、他国の戦争や内乱を利用して自国の影響力強化や商業的な利潤追求を図る武器取引は、「人間の安全保障」の観点からいっても、人道的見地からも

	非難に値する行為であり、その根底には自己の利益のためには他人の犠牲を顧みない〃人間の悪業〃が集約されている気がしてなりません。
2000	この点、国家中心の安全保障観に代わる「人間の安全保障」の概念を提起したUNDP（国連開発計画）が、『地球公共財』と題する報告書を昨年発表し、二十一世紀の国際協力のあり方を考察しています。
2001	そのためにも、経済社会理事会や人道分野の諸機関が更に積極的な役割を果たせるよう、五十年以上にわたり積み上げてきた経験と教訓を今後の運用面において十分に生かしながら、「人間の安全保障」を推進させる道を模索することが大切ではないでしょうか。
2002	私は数年来、「人間の安全保障」に立脚した国際協力の枠組みをつくることが時代の要請であると訴えてきました。
2003	ここ十年来、さまざまに議論されてきた「人間の安全保障」という観点を、改めて強調しておきたいと思います。2001年6月、「人間の安全保障委員会」が発足しました。同委員会では、「人間の安全保障」への理解を広げ、これを国際社会の共通の政策方針に据えていくための報告書の作成に取り組んでおり、本年6月に発表される予定になっています。この作業に対し、「人間の安全保障」に関する研究に取り組んできた研究者のグループが、共同で問題提起を行っています。『人間の安全保障』についての公開書簡」と題し、36人の研究者による討議の成果をまとめたものです。そこでは、①日常の不安を中心に置くこと②最も弱いものを中心に置くこと③多様性を大切にすること④相互性を大切にすること、の四つの視座に留意

し、人間の不安や脅威の源泉としての軍事化やグローバル化に伴う問題に目を向けるべきであると訴えています。これらの主張は、私の年来の主張とも重なるものであり、強く共鳴するものです。

2004

①第3に挙げたいのは、「人間の安全保障」の拡充です。「人間の安全保障」は、近年、従来の安全保障観の見直しなどを通して形成されてきたもので、国家の安全から人間の安全へと中心軸を移した新しい安全保障の枠組みです。

②「人間の安全保障」が主に対象としているのはこうした社会的問題であります。

③人間の安全保障を、「人が生きていく上でなくてはならない基本的自由を擁護し、広範かつ深刻な脅威や状況から人間を守ること」と定義しています。

④この点につき、報告書では、次のように強調しております。『「人間の安全保障」実現のために不可欠なもう一つの要素は、人々が自らのために、また自分以外の人間のために行動する能力である」「この能力を伸ばすという点が、『人間の安全保障』と国家の安全保障、人道活動、あるいは多くの開発事業との相違であり、その重要性は、能力が強化されることにより人々が個人としてのみならず、社会としての潜在能力までも開花させうる点にある」

⑤「人間の安全保障」を拡充させるために、最も力を入れるべきだと考えるのは、本稿の前段でも強調しておいたように、何といっても「教育」です。

⑥「人間の安全保障」の推進のために、新しい大胆な発想と、粘り強い努力の積み

重ねが欠かせません。（中略）また、その取り組みによって得られた情報や経験を共有したり、技術交流や人的派遣を進めるなどして、「人間の安全保障」を世界的な規模で実現させていくべきだと強く訴えたい。

⑦戸田記念国際平和研究所では、この「人間の安全保障」と「地球社会の運営（グローバル・ガバナンス）」を関連づけた研究プロジェクトに力を入れ、平和研究の世界的なネットワークづくりに努めてきました。

2005

①私は、アジア太平洋本部の新設を通じて、同地域における「人間の安全保障」に関する活動を充実させながら、国連の目指す「脅威が生じにくい世界の構築」のモデル地域建設への挑戦を開始すべきであると訴えたい。

②新設するアジア太平洋本部が、この国連大学をはじめとする域内の諸機関を有機的に連動させる中核となり、とくに「人間の安全保障」に関する活動に力を注ぐ中で、皆が平和と幸福を享受する「グローバル・ガバナンス（地球社会の運営）」を国連中心に確立する先鞭となっていってはどうか。

③「人間の安全保障」と「グローバル・ガバナンス」は、私が創立した戸田記念国際平和研究所が長年、主要プロジェクトとして研究を進めてきたものでもあります。

④緊張が高まっている地域に武器輸出を行うことは、合法・非合法にかかわらず、紛争予防の流れに逆行するものです。また、軍備増強への後押しとなることで、本来、教育や保健衛生など、貧困に苦しむ人々が必要としているサービスに向け

	るべき予算を軍事費へと向けてしまう結果を招き、「人間の安全保障」の面でも多大なマイナス効果を及ぼすからです。
2006	私もこれまで、国連改革を展望するにあたっては、「人間」という言葉を冠する三つのテーマ――すなわち、「人間開発」「人間の安全保障」「人権」を柱に据えることが欠かせないと、訴えてきました。
2008	①「国家安全保障という狭義の概念は除外して、人間の安全保障の向上という点からみると、少額であっても軍事支出を水と衛生設備への投資に回せば、大きな利益がもたらされる」と呼びかけています。
	②この「人間開発」の概念とともに、「人間の安全保障」の概念を先駆的に提唱したことで知られるマブーブル・ハク博士は、戸田平和研究所の活動に創立時から期待を寄せてくださっていた一人でありました。
	③「悲劇的結果がもたらされた下流で対峙するよりも、発生源の上流で人間の安全保障の新たな課題に取り組むほうが、容易であり、人間的である」と強調されたことがあります。また博士は、人間の安全保障を「人間の尊厳に関わる概念」と位置付け、「死亡しなかった子ども」や「蔓延しなかった病気」のように具体的な姿をもって人々の生活に反映される安全保障でなければならないと訴えていました。
2009	①私は昨年の提言で、人間開発や人間の安全保障の面で不可欠となる要素として「安全な水の確保」を挙げました。

②そして、核兵器は人類の生存権を脅かす〝絶対悪〟であり、「国家の安全保障」のみならず、地球上のすべての人々の平和と尊厳を追求する「人間の安全保障」とは決して相いれないものであるとの信念を、条約の根幹に据えるべきものと考えます。

2010

①「社会支出の優先順位及びミレニアム発展目標を含む国際的な発展目標と競合し、人間の安全保障を危うくしている、忌わしい軍備競争の気運から脱却する助けとなる」に違いありません。

②ルイス副所長が、大量破壊兵器であれ小型武器であれ、軍縮は第一に「人間の安全保障」の問題として考えねばならないとして、次のように訴えていたことが思い起こされます。

③私は以前から、人々の生活と尊厳を危機や脅威から守り、「人間の安全保障」を強固なものとするためには、国際的なセーフティーネットの整備とともに、長期的な取り組みとして、一人一人のエンパワーメント（能力開花）が肝要になると訴えてきました。

④そこで私は、学校をさまざまな脅威から子どもたちを守る屋根、すなわち「人間の安全保障」を確保する拠点とする一方で、子どもたちを「平和の文化」の担い手に育てる場としていくことを呼びかけたい。

⑤私は、これまでの国連の諸機関などが学校を拠点にして進めてきた活動の経験や

	実績を踏まえつつ、今後、「人間の安全保障と平和の文化のための学校拠点化プログラム」として発展させることを提案したい。
2011	これらの点は、他者の犠牲のもとに自己の幸福を求めない広義の人道性と、生命の尊厳を守り抜く人間の安全保障の観点から、核兵器がなぜ〃絶対悪〃であるかを浮き彫りにした「核兵器廃絶への挑戦」展を通し、私どもSGIが訴えてきた主張でもありました。

〈SGIの日記念提言を基に筆者作成〉

表1を見ると、1995年から2011年の間、2007年以外の全ての年のSGI提言で「人間の安全保障」が登場しており、池田SGI会長が継続して「人間の安全保障」に言及していることがわかる。

さらに、記述内容は、他者の発言などの引用などを除き、大きく二つに分けられる。一つが、指針や説明を主な内容とするものであり、もう一つは具体的提案を示すものである。

指針とは、「人間の安全保障」を推奨《すいしょう》したり、未来のあるべき方向性を示したりする場合である。たとえば、1996年の「『国』よりもまず第一に『人間』そのものを守る――『ヒューマン・セキュリティー（人間のための安全保障）』の概念でなければならない」という記述が当てはまる。説明とは、２００８年の記述にあるように、『人間の安全保障』の概念を先駆的に提唱したことで知られるマブーブル・ハク博士は、戸田平和研究所の活動に創立時から期待を寄せてくださっていた」といった事実を述べる内容のことである。この指針や説明に当てはまるものは、ほかに１９９５①②・１９９６②③・１９９７②・１９９８・２０００・２００１・２００３・２００４①②③⑦・２００５③・２００６など十五個がある。

もう一つの具体的提案とは、現実に起こっている「人間の安全保障」に関連した問題についての考えや対処についての記述である。１９９９年の「商業的な利潤追求を図る武器取引は、『人間の安全保障』の観点からいっても、人道的見地からも非難に値する」などが該当する。この具体的提案の記述は、さらに四つに整理できる。軍縮・武器の規制、国際協力、能力開発、衛生である。軍縮・武器の規制に関するものは、先に示した１９９９年を含め、１９９７①・２００５④・２００９②・２０１０②・２０１１の六つである。国際協力については、２００２・２００４⑥・２００５①②の四つが該当する。能力開発は、教育に関するものも含めると、２００４④⑤・２０１０③④⑤の五つに示されている。衛生については、２００８①・２００９①の二つである。具体的提案の多くが２０００年代に入ってから示されているが、軍縮・武器の規制に関しては90年代から言及している。また、数を見ても、軍縮・武器の規制が最も多く、次いで能力開発、国際協力、衛生と続く。

以上の検討から、ＳＧＩ提言における「人間の安全保障」は、２００７年以外１９９６年から２０１１年まで言及され続けていることが明らかとなり、内容については、指針や説明と具体的提案の二つに分けることができた。具体的提案はさらに四つに分類され、中でも軍縮・武器の規制に関する提案が早い時期から示され、他の提案より多く述べられていることがわかった。

（２）提言における「人間の安全保障」

表２は、ＳＧＩ提言以外で「人間の安全保障」を述べた二つの提言をまとめたものである。発表された年、提言の名称・タイトル、実際に「人間の安全保障」が記された部分の抜粋の４項目で整理している。ＳＧＩ提言と同様に、同じ提言内で複数回言及がある場合は番号を付けて分けている。

表2　提言等における「人間の安全保障」

2006 国連提言	タイトル「世界が期待する国連たれ――地球平和の基軸・国連の大使命に活力を」 ①とくに国連が近年、力を入れている「人権」「人間の安全保障」「人間開発」、さらにまた「平和の文化」や「文明間の対話」といった分野は、仏法を貫く平和思想ともきわめて親近しており、私どもは大いに共感を抱いてまいりました。 ②『立正安国論』では、「くに」を表す漢字一つをとってみても、「囗（くにがまえ）」の中に、「玉」（王の意）や「或」（戈を手にして国境と土地を守る意）の字ではなく、「民」を用いた、「囻」という字が大半を占めています。そこには、権力者でも領土でもなく、民衆の幸福と平和に最大の眼目を置く、現代でいうところの「人間の安全保障」に通ずる思想が脈動しているのであります。 ③民衆の平和と幸福に焦点を定めた「人権」「人間の安全保障」「人間開発」の三つの柱を根本に、地球的問題群の解決に挑む人類共闘の足場を築いていくことに、その最大の使命はあると、私は思うのです。
2009 戸田第二代会長生誕110	タイトル「核兵器廃絶へ民衆の大連帯を」 ①現在の状況に照らして、私が重要と考える宣言の柱は、「政治指導者の意識変革」「核兵器禁止の明確なビジョン」「人間の安全保障のグローバルな確立」の3点です。

周年記念提言	②その熱願が凝縮した宣言は、一人一人の人間が直面している悲惨な状況を取り除くことに平和の基礎を見いだすアプローチ――すなわち、今日、その重要性が叫ばれている「人間の安全保障」の視座に立脚したものだったのです。 ③現在、人間の安全保障の観点から核兵器の問題を考える「核兵器廃絶への挑戦と人間精神の変革」展を各地で開催し（中略）（ＤＶＤの）上映を進めています。

〈筆者作成〉

この二つは、一つが、国連に対する国連提言、もう一つが戸田第二代会長の生誕１１０周年を記念する提言である。

国連提言は、２００６年9月に開幕する第61回国連総会を前に発表され、来日中であったアンワルル・チョウドリ国連事務次長（当時）に池田ＳＧＩ会長から手渡された。その中で、「人間の安全保障」は3回登場している。特に、注目されるのは『立正安国論』について触れている部分である。『立正安国論』は、日蓮の主著である。１２６０年に当時の実質的権力者であった北条時頼に提出している。その中では、「国」という漢字が3種類（国、國、囻）使われている。中でも最も多く使用されているのが「囻」という字で、約8割を占めているといわれる。[9] 提言では、こうした文字の使用方法に、日蓮の「権力者でも領土でもなく、民衆の幸福と平和に最大の眼目を置く」という思想を見出し、現代の「人間の安全保障」に通じると述べている。

戸田第二代会長生誕110周年記念提言には、「人間の安全保障」が3度登場している。創価学会第二代会長の戸田城聖[10]は、1957年に「原水爆禁止宣言[11]」を発表し、核兵器を人間の尊厳と生存権を根本から脅かす絶対悪と断じて使用禁止を訴えている。この「原水爆禁止宣言」の「一人一人の人間が直面している悲惨な状況を取り除くことに平和の基礎を見いだすアプローチ」が、『人間の安全保障』の視座に立脚したものだった」と提言には記されている。

(3)対談における「人間の安全保障」

池田SGI会長は、これまで7000人を越える世界の識者等と対話を行い[12]、主な対話は対談集として出版されている。そうした中にも、「人間の安全保障」について論じているものがある。表3は、これまで出版された対談等の中で「人間の安全保障」への言及があったものをまとめている。対談集の出版年、タイトル、対談相手、「人間の安全保障」へ言及のあった箇所の抜粋の4項目で整理している。抜粋したのは池田SGI会長が「人間の安全保障」に触れた場合のみで、対談相手の発言は基本的に含んでいない。対談集は出版の順に並べており、本文の抜粋の最後には掲載されているページを（）で示している。

表３　対談における「人間の安全保障」

２０００年『二十一世紀への選択』 マジッド・テヘラニアン ハワイ大学教授（当時）	①しかしいまもなお戦争は一向にやむことがない。この流転から抜け出るためには、国家中心の安全保障から「人間の安全保障」への転換が不可欠であり、これをリードしていくのが民衆による平和運動だと思うのです。（３０３頁） ②そこで現実に「人間の安全保障」を実現させていくためには、人類益に立った国際法の拡充をめざすとともに、国連を支援・強化していくことが強く求められると私は考えます。（３０４頁）
２００１年『希望の選択』 デイビッド・クリーガー 核時代平和財団所長	①一方は、「人間の安全保障（ヒューマン・セキュリティ）の方向性です。（２５２頁） ②国連が「人間の安全保障」の使命を果たしていこうとするなら、経済社会理事会も抜本的に強化する必要があるでしょう。（２５３頁） ③国連をそういう機構に変えていくしかありません。「人間の安全保障」という新機軸にそって、民衆参加の方向へ改

革が行われるよう、ＳＧＩとしても、これまで以上に、さまざまな機会を通じて強く訴えていきたいと思っています。何よりも、この「人間の安全保障」という概念が広がれば、「核兵器が存在するから、核兵器が必要」という堂々巡りの核抑止論がいかに不毛なものであるかが、より一層、浮かび上がってくるでしょう。（２５４―２５５頁）

④前事務総長のガリ博士と九七年にお会いした際、博士が憂慮されていたのも、グローバル化の反動としての、人々の意識の「鎖国化」「孤立化」でした。この陥穽から抜け出し、「世界市民の精神」を持ちながら、人類にも足元の地域にも勇んで貢献しゆく人間群を、どう育てていくか。ここにこそ、仏教の精神性を基盤とする私たちＳＧＩが、「人間の安全保障」に貢献しゆく道があると信じています。（２５７―２５８頁）

２００３年『御書の世界』
創価学会教学部長・副教学部長

①それまで安全保障といえば、「国家の安全保障」であった。国家を守ること、領土を守ることが、最優先されてきたのです。しかし、国家が守られても、人間一人ひとりの生存と尊厳が脅かされていては、何のための安全かわからない。現在、「国家中心」から「人間中心」へ、安全保障観の見直しが進められています。「人間の安全保障」の考え方は、まず「人間」「生命」を守るという基本発想に立っています。（１７１頁）

	２００５年『インドの精神　仏教とヒンズー教』 ベッド・Ｐ・ナンダ 世界法律家協会名誉会長（元会長）
②（日蓮大聖人の「安国」の内容も、一次元からみれば現代において言われている「人間の安全保障」に対応するものと考えられないかとの質問に対し）「三災七難」の脅威から、民衆一人ひとりの安全を図っていくという点では、まさに「人間の安全保障」です。人間一人ひとりは人種や民族や性別にかかわらず、限りない、豊かな可能性をもっている。その可能性を開花させるために、社会が存在するといってもよい。そうした社会を創ることが、「安国」にほかならない。「一身の安堵を思わば先ず四表の静謐を禱らん者か」という「立正安国論」の精神も、そこにある。（１７２頁）	こうした国際的な法規範の整備とともに、国連など国際機関は、人道面をはじめとする「人間の安全保障」拡充のために貢献してきました。「人間の安全保障」は、国連開発計画（ＵＮＤＰ）などを中心に提唱されている概念で、人間の尊厳がさまざまなかたちで危機にさらされている現代にあって、制度的要素よりも人間的要素を重視していくという発想です。（中略）また、環境問題や貧困問題に象徴されるように、「人間の安全保障」が対象とする問題群は、恣意的に引かれた国境線などでは、けっして分けられない、グローバルかつ複合的な性格をもっています。国家という枠をこえて「人類益」を志向しながら、「人間」という視点に立ち返ってアプローチしていく以外に解決の方途はない問題ばかりです。（３５７−３５８頁）

〈筆者作成〉

表3で目立つのは、国家安全保障から「人間の安全保障」への転換の必要性を述べている点である。たとえば、2000年の『二十一世紀への選択』では「国家中心の安全保障から『人間の安全保障』への転換が不可欠」とある。さらに、2003年『御書の世界』においても、「現在、『国家中心』から『人間中心』へ、安全保障観の見直しが進められています」とある。これらの表現に注目すると、国家安全保障を否定する急進的な考え方として受け取られる可能性もあるが、それは妥当ではない。先に検討したSGI提言や国連提言で見られたように、池田SGI会長は一貫して国連重視の主張を繰り返している。集団安全保障を前提とした国際組織である国連を重視するということは、国家安全保障そのものを全面的に否定する立場ではないと考えられる。むしろ、「国家」にとらわれ過ぎた結果、「人間」の安全を見失っている矛盾を指摘しているといえる。「何のための安全か」とあるように、安全保障の目的を、「国のため」「国の安全」から「人間のため」「人間の安全」に転換すべきという主張と受け取るのが適当であろう。

３　原水爆禁止宣言と「人間の安全保障」

ここまで、ＳＧＩ提言をはじめとした提言、対談等における「人間の安全保障」について整理してきた。その結果、池田ＳＧＩ会長の「人間の安全保障」には、二つの特徴が見えてくる。一つは、「原水爆禁止宣言」との強い関連であり、二つ目は、「人間」自体の変革を主張していることである。

まず、「原水爆禁止宣言」との強い関連とは、池田ＳＧＩ会長が「人間の安全保障」に言及する際に、「原水爆禁止宣言」や核兵器の問題に触れる場合が多く見られたことである。たとえば、１９９７年のＳＧＩ提言、戸田第二代会長生誕１１０周年記念提言、２００１年のクリーガー所長との対談などがある。さらに、ＳＧＩ提言においては軍縮・武器の規制に関する提案が多く見られ、早い時期から述べられていた。

なぜ、関連が強く見られるのか。それは次の理由によると考えられる。１９９７年のＳＧＩ提言では、『『地球上から〝悲惨〟の二字をなくしたい』との恩師の熱願がまさに結晶したこの宣言（原水爆禁止宣言のこと）には、今日叫ばれる『人間の安全保障（ヒューマン・

セキュリティー)』の核心に通じる先見的な思想があったといえましょう」と記されている。つまり、「人間の安全保障」の考え方の先見的思想は、すでに戸田の「原水爆禁止宣言」においで示されていたということである。

「原水爆禁止宣言」に結晶化されているという戸田の「悲惨をなくしたい」という言葉には、「人間」を中心に据えるという思想が集約されている。「悲惨」は状況を表す言葉であり、人間が困難な状況にあることを想像させる。「貧困」や「紛争」なども困難な状況を表す言葉ではあるが、それは人間の置かれた状況に名前を付けたに過ぎない。「悲惨」は、人の感覚的表現であり、それを感じることに国籍、老若男女などの区別などはない。この点、「人間の安全保障」の「人間性を剥奪《はくだつ》しうるあらゆる現象を視野に入れ、またあらゆる人をその対象とする」(13)という考え方と共通している。「悲惨をなくしたい」という言葉は、平易な表現の中に「人間」を中心に据えて問題を捉えるという現代に最も必要な視点を備えているのである。

こうした考え方からは、核兵器の使用は最も人間を「悲惨」な状況におとしめるものでしかない。したがって、「原水爆禁止宣言」は、「われわれ世界の民衆は、生存の権利をもっております。その権利をおびやかすものは、これ魔ものであり、サタンであり、怪物であります」と厳しく断言している。池田SGI会長は宣言について「核抑止《よくし》論の底流には、自国の優位や安全のために人類を犠牲《ぎせい》にすることも辞さない、常軌を逸した非情の論理が脈打っていることを人々に分かりやすく伝えるとともに、指導者に内省を求める」(14)ものであったとしている。

このように、いま「人間の安全保障」が主張している視点や思想の基盤といえるものは、50年以上も前に戸田城聖によって示されていたといえる。

池田SGI会長は「人間の安全保障」の核心部分に、戸田の先見的思想を見出したからこそ、「人間の安全保障」に言及を続けている。そのため、「原水爆禁止宣言」と関連が強く、具体的な提案も軍縮・武器の規制に関するものが多いと考えられる。

4　「人間の安全保障」に求められる個人の生き方

池田SGI会長による「人間の安全保障」の第二の特徴は、「人間」自体の変革の主張である。「人間の安全保障」に「人間」自体の変革が必要であることは一般にも認識されている。たとえば、人間の安全保障委員会は、『『人間の安全保障』実現のために不可欠なもう一つの要素は、人びとが自らのために、また自分以外の人間のために行動する能力である」[15]と述べ、能力を強化するためには、「教育と情報が不可欠」であり、「開発や人道支援のあり方」や成果に目を配る必要性を訴えている。[16]

池田SGI会長は仏教指導者として、さらに踏み込んだ主張を展開している。2001年のクリーガー所長との対談集では、『『世界市民の精神』を持ちながら、人類にも足元の地域にも勇んで貢献しゆく人間群を、どう育てていくか。ここにこそ、仏教の精神性を基盤とする私たちSGIが、『人間の安全保障』に貢献しゆく道があると信じています」[17]と述べている。ここでは「人間群」という言葉が使用されているが、さらに個人にまで視点を下げた時には、「その内なる生命の変革――すなわち『人間革命』から、社会の変革を志向していくことこそ、『恒久平和《こうきゅう》』の道を開き、『人間のための安全保障』を可能ならしむる王道であると、私は思うのであります」[18]と主張している。

「人間革命」とは、「一人の人間における偉大な人間革命は、やがて一国の宿命転換をも成し遂げ、さらに全人類の宿命の転換をも可能にする」という考えである。その変革の視点は、一人の生き方、生命の次元から始まり全世界に及ぶものである。人間の安全保障委員会は、「人間」が自らと他者のために行動することを「能力」と呼び、その強化のために教育、情報、開発、人道支援などの充実を訴えていた。その点は評価しうる。しかし、そうした分野における取り組みは、「人間」の周囲にある制度や環境の整備に留まるものである。池田ＳＧＩ会長による「人間の安全保障」は、根本的な「人間」自体の変革の必要性を主張するとともに、その変革において仏教の精神性が果たす役割を志向するものである。

以上、池田ＳＧＩ会長は、戸田城聖の先見的な思想を現代の「人間の安全保障」の中に見出し、言及を続けるとともに、仏教的指導者としてさらに一歩踏み込んだ「人間の安全保障」の実現のための根本的道筋を提示しているのである。

注

（１）１９９９年3月、約5億円を拠出して設置。

（２）外務省（２００７）『人間の安全保障基金　21世紀を人間中心の世紀とするために』。http://www.mofa.go.jp/mofaj/press/pr/pub/pamph/pdfs/t_fund21.pdf（２０１１年6月28日アクセス）

（３）国連開発計画（１９９４）『人間開発報告書　１９９４』日本語版　古今書院　23ページ。

（４）２００１年9月、国連ミレニアム・サミットにおける日本の呼びかけを機に設置される。共同議長は、緒方貞子（前国連高等難民弁務官）とアマルティア・セン（ケンブリッジ大学トリニティカレッジ学長）。
（5）稲田十一（２００４）「開発・復興における『人間の安全保障』論の意義と限界」日本国際問題研究所『国際問題』No.５３０ 32ページ。
（6）講演の中では、2回「人間のための安全保障」という言葉が登場する。「人間の安全保障」とは異なる表記だが、英訳は Human Security を使用しているため、「人間の安全保障」を指していると考えることが妥当である。講演内容は、http://www.sokanet.jp/sokuseki/koen_teigen/koen/jakhcj000010ck-att/jakhcj000010e7.pdf（２０１１年6月28日アクセス）
（7）１９３７年、イラン・マシュハド生まれ。ハワイ大学教授、スパーク・マツナガ平和研究所所長等を歴任。戸田国際平和研究所初代所長。
（8）１９３４年、インド・グジランワラ（現在はパキスタン）生まれ。デンバー大学副学長。世界法律家協会名誉会長（元会長）。
（9）池田大作（２００３）『御書の世界』聖教新聞社 １４９ページ。
（10）１９００年、石川県出身。創価学会第2代会長。
（11）１９５７年9月8日、横浜市の三ツ沢競技場で戸田城聖により発表された宣言。
（12）創価学会ホームページより（２０１１年6月現在）。
（13）人間の安全保障委員会（２００３）『安全保障の今日的課題』朝日新聞社 15ページ。
（14）戸田第二代会長生誕１１０周年 記念提言「核兵器廃絶へ 民衆の大連帯を」より。http://

www2.sokanet.jp/download/teigen/proposal04.pdf（２０１１年6月28日アクセス）

(15) 人間の安全保障委員会（２００３）20ページ。

(16) 人間の安全保障委員会（２００３）20ページ。

(17) 池田大作、デイビッド・クリーガー（２００１）『希望の選択』河出書房新社　２５８ページ。

(18) １９９５年、ハワイ、東西センターでの講演より。

【池田SGI会長の描く女性像】②

アメリカ史に残る「人権運動」

――自己実現を遂げた信念の女性たち

大野久美

池田SGI（創価学会インタナショナル）会長は、アウストレジェジロ・デ・アタイデ氏（当時、ブラジル文学アカデミー総裁）との対談集『二十一世紀の人権を語る』（潮出版社、1995年）のなかで、仏教とキリスト教を対比して、仏教における「人権」の人類的普遍性を次のように述べた。

「仏教思想では、人間のみならず、万物に普遍する〝宇宙根源の法〟が、生命の『尊厳』の基盤であるととらえています。そこに人権の普遍性と尊厳性の根拠もある。キリスト教の思想が、神の前における『平等』を説くのに対して、仏教の『平等』の思想は、すべての人々に〝内なる普遍の法〟が具《そな》わっていることに由来《ゆらい》します」

さらにSGI会長は、仏教の平等観という視点から、「善なる心がわき起こってくる。その心を基軸に、他の人々や民族の苦しみと『同苦』し、ともに苦の超克《ちょうこく》へと向かいゆく〝人権の闘争〟――それは、自己を拡大しゆく慈悲と正義の戦い」となることを論じた。

また、人権闘争のモデルを、仏法の観点から、『法華経』に登場する「不軽菩薩《ふきょうぼさつ》」の実践として提示した。不軽菩薩は『不軽（軽《かろ》んぜず）』という名にも示されているように、どのような人も軽んずることなく、最高の敬意を示しました」「不軽菩薩の振る舞いは、〝一切衆生には仏性があるゆえに尊厳である〟という信念にもとづいています。いかなる人間であっても、内在する「仏性」――普遍的な尊厳性を発揮していけば、最極《さいごく》の人生道を開くことができる。その道を自他ともに進むのが、菩薩道の実践です」と展開した。

SGI会長は、不軽菩薩の行動はまさに21世紀の「人権闘争のモデル」にふさわしいと述べ、その特徴を簡潔に①絶対的平等への信念 ②「非暴力」「慈悲」による対話の持続 ③「自他ともの自己実現への挑戦」であると示した。

次に『人権の世紀へのメッセージ』（アルゼンチンのノーベル平和賞受賞者、アドルフォ・ペレス＝エスキベル氏との対談集、東洋哲学研究所、２００９年）のなかで、ＳＧＩ会長は人権闘争における女性の役割を語った。

その際、仏典や仏教史においては、多くの女性の活躍の姿があることにふれ、仏典に登場する勝鬘《しょうまん》夫人という一人の女性が釈尊に立てた誓願を紹介した。

「私は、孤独の人、不当に拘禁《こうきん》され自由を奪われている人、病気に悩む人、災難に苦しむ人、貧困の人を見たならば、決して見捨てません。必ず、その人々を安穏にし、豊かにしていきます」「（私は）無雑念《むざつねん》（迷うことなく）、無倦怠《むけんたい》（怠ることなく）、不退転《ふたいてん》（退《しりぞ》くことなく）の心をもって、衆生たちを温かく包容しようと望みます」。ＳＧＩ会長は、これを、苦悩にあえぐ人々のために行動を貫く誓いであると指摘した。

さらに、宗教的精神の根底は「愛」「慈悲」からなっているものであることを強調し、「日蓮仏法には、勝鬘夫人に象徴される大乗仏教の慈悲の精神が脈々と流れています」と論じた。

さらに、日蓮大聖人が著した『立正安国論』が、自分ひとりの幸福のみならず、全人類の平和と発展を求めていく創造的な生き方を促しているとし、「日蓮大聖人のこうした平和観、国家観を自らの思想的な根幹として定めれば、必然的に、世界の平和と民衆一人ひとりの幸福のために行動することになります。それは同時に、人間の尊厳を脅《おびや》かす権力の魔性やさまざまな脅威と戦うことを意味するのです」と述べている。

またSGI会長は、権力の魔性について、「その本質を、仏法では『第六天の魔王』の生命であるとします。そして、この魔性は、正しい哲学と信仰に目覚めた人々を妬《ねた》み、憎み、誹謗《ひぼう》し、弾圧すると説いています」と語り、「民衆の幸福のため、平和のため、正義のために戦うことは、必然的に、権力の魔性との戦いを意味します。そして、断じて権力への監視を怠ってはなりません。これこそ、人類の悲惨を転換しゆく、永遠の闘争の道です」と結論づけている。

生命と自由のための戦いに身を投じた女性たちの勇気と尊厳は計り知れない。ここでは、アメリカの歴史に残る「人権運動」即ち「平等」「自由」「慈悲」の戦いを強い信念で成し遂げ、自己実現を成し得た3人の女性たち、ハリエット・ビーチャー・ストウ、ローザ・パークス、エレノア・ルーズベルトの尊い行動の軌跡を紹介する。

1　黒人奴隷制と戦ったストウ夫人

アメリカ史に残る女性の中で、人権問題と戦い大きな役割を果たした一人に、作家ハリエット・ビーチャー・ストウ（1811－1896）が挙げられる。日本ではストウ夫人という呼び名で知られている。

ストウ夫人は北部コネチカット州リッチフィールドに生まれた。父親のライマン・ビーチャーは著名なカルヴィン派牧師で、この父のもとで厳格なキリスト教の教育を受けた。

彼女を語る時、一つのエピソードから始めなければならない。「あなたがこの大戦争を起こした小さなご婦人ですね」。第16代アメリカ合衆国大統領エイブラハム・リンカーンは、1862年12月2日、ホワイトハウスで面会し、このように声を掛けたという。大統領は黒人の不遇を描き出す小説が奴隷《どれい》制の是非《ぜひ》をめぐる南北戦争の勃発《ぼっぱつ》を招いたとその絶大な影響力に敬意を表した。その小説とはストウ夫人の『アンクルトムの小屋』（1852年）である。

この作品が生まれる背景として、当時のアメリカ社会を考えなければならないであろう。産業革命が起こると家内制手工業の衰えとともに就業《しゅうぎょう》形態が変化していった。男性は公的な場で賃金労働に従事し、女性は家庭という私的な領域を占めるようになった。

しかし、1830年代になるとアメリカでも高等教育機関が女性を受け入れるようになり、これに応じて女性の法的地位の低さにも関心が高まった。投票権、財産権、子どもの養育権がもっぱら男性の側にあることに疑問の声があがった。女性は世間の偏見と差別に立ち向かっていったのである。

「一方、工場制度の急速な発達から苛酷な労働という問題も生じていた。無教育と貧困から種々の悪徳が生まれていた。そのため宗教復興も叫ばれたが、はっきりと目に見えて人間を非人間扱いしているのが奴隷制度であった」（大島良行『アメリカ文学史』、桐原書店、1984年）。このような状況の中から『アンクルトムの小屋』が生まれたのである。

SGI会長は、著作『私の人間学〈上〉』（読売新聞社、1988年）で、ストウ夫人の生き方を通して原点をもつことの大切さ、それによって豊かな人生を生きることを述べた。そこでストウ夫人の言葉を紹介した。

「奴隷法は私には信じられないこと、驚くべきこと、悲しむべきことです。もしもこの罪と不幸を海底深く沈ませることが出来るなら、私も喜んで共に沈んでゆきたいと思います」。他の人々や民族の苦しみと同苦したストウ夫人の決意を読み取ることができる。『アンクルトムの小屋』を生み出した彼女の信念が伝わってくるものである。

「だが、その後長い間、彼女には、家事と育児で、ものを書く暇などまったくなかった」（同）。事実、家庭という内の世界で賢明に子どもを育てていたのである。彼女がこの作品を書いたのは40歳の時であった。しかし、ＳＧＩ会長はその原点は彼女の21歳の時にあったと述べた。

それは東部から、南部との境界線にあったシンシナチに引っ越してきたときのことである。そこで奴隷売買の恐るべき実態を見た体験が著作の動機になった（チャールズ・エドワード・ストウ『ストウ夫人の肖像』、鈴木茂々子訳、ヨルダン社、１９８４年）。それから20年の歳月を経て、「わが国の人達が奴隷に示している残酷と不正を思って、私の心は苦しみで破裂しそうになって……」との深き思いから、彼女は40歳にして、ついにペンを執《と》ったのである。この言葉の根底には１８５０年の第二次逃亡奴隷法制定があると思われる。この制定によって、北部は南部と利害の妥協を図った結果、自由を求めて逃亡してくる奴隷を助けた白人に厳しい罰則を科すように定めたのである。奴隷制度がいかに非道なものか、いかにキリスト教的人道主義に反しているかを告発する言葉でもあった。

ＳＧＩ会長は、「勇敢な信念のヒューマニズムが、あの壮大なる歴史の転換の原動力となった。一人の人間の真剣なる一念が、時代の底流の『心』をつかむとき、どれほど絶大なる力を発揮するかの一例であろう」と、ストウ夫人の行動を称《たた》えた。ここで指摘された時代の底流の「心」をつかむことが、人間としていかに豊かに生きるかに繋《つな》がるかを知ることができる。彼女は時代の動きを見定《みさだ》め、それに甘んじることなく、果敢に挑戦していくエネルギーを持ちえていたようだ。

ＳＧＩ会長は、一つの「信念」と自己の「原点」を結びつけることで歴史までを突き動かすことができることを指摘した。「一つの信念の道を歩む時、通俗的な価値観との対決やさまざまな試練との格闘を通じて、鮮烈な原体験は深められ、自己を深層から突き動かしていく『原点』へと昇華《しょうか》していく。歴史の転換に介在した人間の行動の軌跡には、常に原点となる〝信念の核〟が光を放っているものだ」

さらにSGI会長は、「原点を持たないということは、長い人生の幸福への羅針盤を持っていないようなものである」「平凡な一婦人が、若き日に鋭い感受性でその生命に焼き付け、日常生活の経験を積み重ねるなかで掘り下げ、磨き上げていった原点の確かさ——私はそこに、時代の潮流を変えたストウ夫人の強靭《きょうじん》なる行動の源があったと思う」と強調した。そして、そうした原点とは、「より深く、意義ある人生を懸命に求める生き方のなかに、見いだされ、心に刻まれていくものである」と結論づけた。

ストウ夫人の生き方は、多くの女性に勇気と希望を抱かせたに違いない。心の奥底の一念の強さが自己を磨き、自己を作り、自己実現への道を歩むことになるのである。ストウ夫人は、19世紀が誇る「人権運動」に生き抜いた女性として歴史に残る人物である。

2　アメリカ公民権運動の母　ローザ・パークス

SGI会長は、未来学者のヘイゼル・ヘンダーソン氏との対談集『地球対談　輝く女性の世紀へ』（主婦の友社、2003年）のなかで、20世紀は人間の尊厳と世界平和のために多くの偉大な女性が立ち上がったと語った。そのなかでも代表的な人物として名前を挙げたのが、ローザ・パークスである。彼女はアメリカ公民権運動の火ぶたを切った偉大な女性である。

ローザ・パークス（1913－2005）は、公民権運動の活動家として有名で、「公民権運動の母」とも呼ばれている。彼女はアメリカ南部のアラバマ州で生まれ育ち、いわれなき差別を受け、屈辱《くつじょく》の日々を強《し》いられてきた。1955年、モンゴメリーの人種の隔離されたバスで、運転手から白人男性に席を譲ることを要求された。彼女はそれを断固拒否したため、人種分離違反《じんしゅぶんりいはん》のかどで逮捕された。この一人の女性の勇気ある行動が、やがて歴史的なバス・ボイコット運動へと発展していったのである。そして、「バスの人種隔離《かくり》は憲法違反」という歴史的な判決を勝ち得たのである。

ノーベル平和賞に輝くマーチン・ルーサー・キング博士は後に自著『自由への大いなる歩み』の扉に、次のような献辞《けんじ》を記してローザ・パークスに贈った。「あなたが独創的に証言してくれたこと、それが今日の自由への大いなる歩みの偉大な原動力になったのです」。彼女の存在は「公民権運動をバスの後部座席からアメリカの良心の最先端部へと動かした生きた宝石である」とも称《たた》えられている。

「黒人の女性も変化を求めて、明確な役割を果たすようになった」「黒人女性は黒人教会のなかで伝統的に力を合わせて活躍していたし、学校の先生になって南部の都市に住む新しい世代の黒人の子どもに黒人としての誇りを植え付けた。若い世代が日々の人種隔離政策の屈辱に耐え得るようにするためである。五〇年代には人種関係に抗議する風潮が高まってきたが、そのなかで女性は幾度も中心的な役割を果たした」（サラ・M・エヴァンズ『アメリカの女性の歴史』、小檜山ルイ他訳、明石書店、1997年）

SGI会長とローザ・パークスとの出会いは、1993年1月30日、アメリカ創価大学のロサンザルス・キャンパスであった。その時の印象をSGI会長は、「実際にお会いして、その心の深さ、強さ、優しさ、輝きが私の胸に深く、鮮《あざ》やかに焼きついた」と語った。

SGI会長は、バス・ボイコット運動は権力の魔性への挑戦であったと懇談のなかでも彼女を称えた。1992年に出版された*My Story*においても、彼女は「屈服させられることには我慢できなかった」と述懐《じゅっかい》している。

この挑戦の原点は、彼女の少女時代にあったことが、次の言葉から分かる。「私の母は田舎の農場に育ちました。田舎の学校に学び、やがて教師になったのです。父との結婚はうまくいかず、離婚後、母は私と弟を連れて、母の両親、つまり私の祖父母とともに暮らしました。母は『勇気ある人』でした。『自由』と『平等』を信じ、『〃人間は苦しみに甘んじなければならない〃という法律はないんだよ』と言って差別に反対していました」

ＳＧＩ会長は、ダイヤモンドのごとき彼女の信念は、心から尊敬する母や夫に包まれて美しく磨かれていったのであると述べた。ＳＧＩ会長が定義した「普遍なる法」＝「善なる心」を輝かせて人権運動に身を挺《てい》した偉大な女性である。彼女は国中を旅しながら公民権運動の歴史について語り続けた。より確かな正義をもたらすために、自由と平等のために闘い続けたのである。まさに崇高《すうこう》な信念である。

そして、ローザ・パークスにとって、ＳＧＩ会長に出会えたことが、人生にとって、かけがえのないものとなったことがよくわかるエピソードがある。『写真は語る』という本が出版されることになった時のことである。この本は著名人が「自分の人生に最も影響を与えた写真」を一枚ずつ載《の》せるという企画であった。

その一人に選ばれたことを紹介しながら、彼女は語った。「私は、はじめ、あの『バス・ボイコット運動』の際の写真を選ぼうと思っていました。しかし、考えを変えました。池田会長との出会いこそ、私の人生に一番大きい影響を及ぼす出来事になるだろうと。世界平和のために、会長と共に、旅立ちたいのです。もし、よろしければ、今日の会長との写真を、本に載せたいのですが」(『第三文明』2001年1月号)

彼女にとって「公民権運動」から「世界平和」へ人生の新しい側面が開かれた瞬間でもあった。

3　信念の社会運動家　エレノア・ルーズベルト

アナ・エレノア・ルーズベルト(1884―1962)は、アメリカ合衆国第32代大統領フランクリン・ルーズベルトの夫人であり、世界的な社会運動家でもあった。

しかし、幼少の頃はさびしい娘で恥ずかしがりやであったと言われている。将来、大統領夫人となり世界的に活躍するとは想像もつかなかったであろう。彼女の自叙伝からもそのことがうかがえる。自叙伝『私の物語』によると「母はつとめて私をよくしつけようとした、というのは、私の行儀作法がいくらかでも、ぶきりょうをおぎなえると思ったからであろう。しかし、母がそうすればするほど私は自分の欠点を強く意識したのであった」(『世界週報』臨時増刊号、時事通信社、1980年)。

10歳にならないうちに両親が亡くなり、フランスやイギリスの学校で厳格な教育を受けた。帰国後はニューヨークで貧しい移民の子どものための学校で働いた。この時、彼女ははじめて貧困に苦しむ子どもたちの現状を目の当たりにし、何か自分にできることをしたいと決意したのであろう。このことが彼女の心に強く刻まれた社会運動家としての原点のひとつかもしれない。

「トルーマン大統領は、ルーズベルト大統領夫人を指して、『世界のファースト・レディー』と呼んだ」「かつて『タイムス』誌は、彼女の誕生日に際して次のようにのべている。『六十四歳にしてアンナ・エレノア・ルーズベルトは世界中で最も有名な婦人となった。彼女は程《ほど》よい背格好《せかっこう》と威厳をもち、普通の大統領未亡人とは全く反した運命をたどっている』」(前掲『世界週報』)。彼女は逆境に置かれたときほど、真価を発揮する人物であった。

エリートのフランクリン・ルーズベルトとの結婚は、彼の母との不和と、1921年に彼が小児麻痺《まひ》に冒《おか》され、両足が麻痺してしまうという悲劇にあって惨《みじ》めなものになってしまった。しかし、彼女は夫のために献身的に仕え、ついに大統領選に勝利させたのである。五男一女の子どもをもうけ子育てにも奮闘した。

夫の政界入りに伴い、エレノアもニューヨーク州民主党婦人部長を務めたことが、家庭の外に出るきっかけとなった。世界大恐慌《きょうこう》後の最悪の不景気の1933年に、ルーズベルトが大統領に就任した。彼女は夫フランクリンに対しても意見を述べ、政治的な良きパートナーになった。そして、社会運動家として、また女性としての立場から新しい政策を生み出していった。

なかでも、エレノア・ルーズベルトが成し得た偉業は、国連運動に全力を尽くしたことである。SGI会長は、国連の「世界人権宣言」実現についての彼女の活躍を紹介している。

〝アタイデ総裁は私との対談のなかで、彼女の当時の活躍を語ってくださった。

――私たちが実質的な合意に達することができたのは、彼女の努力によるものと思います。彼女は、不眠不休の努力を続けていました。彼女は、だれからも尊敬されました。第三委員会の各委員をはじめ、国連の人びと、そして、委員会が開かれたパリの街角の人びとからも――と〟。SGI会長は彼女の苦闘を称え、「一人の女性の信念が、ついに『人権の世紀』の黎明《れいめい》を告げたのである」と述べている（『新・私の人物観』第三文明社、1995年）。

SGI会長は、さらにエレノア自身が語った言葉を紹介している。「生きとし生けるものは、動かないということはありません。前進しているか、後退しているかです。人生は、成長がある限り面白いものです」（同）。この言葉からは、多くのことを成し遂げた彼女の信念が伝わってくる。

SGI会長は、「ニュー・ディール政策によって大恐慌からの復興を目指すフランクリンと、身に影の添《そ》うが如き一心同体の共闘であった。なかでも女性の平等な雇用《こよう》や、黒人の市民権獲得のための行動は、議会や世論の関心を呼び起こす力となった」と述べている。

ルーズベルト政権によるニュー・ディール政策は、「アメリカ人が抱いていた国家観や国家の責任に関する考え方を変貌させた。突然、連邦政府は経済統制をおこなうようになり、困難に陥っている貧困者、失業者、老人、未婚の母などの市民が生活を営《いとな》むためにどうしても必要なものを提供する責任を負うようになった。一八九〇年以来、徐々に姿を現していた現代の福祉国家がここで開花した。福祉制度はその後拡張され、修正されることはあったが、放棄《ほうき》されることはなかった」（前掲『アメリカの女性の歴史』）。

「一九三〇年代に入り、国家が何とかして経済不況から脱出しようとするなか、従来女性が関心を抱いていた社会福祉の問題が、突然アメリカ政治の表舞台に登場するようになった」（同）。福祉制度が拡張された要因は大統領の妻エレノア自身が福祉問題などに関心をもっていたことが大きいと考えられる。

一人の女性が貧困者や失業者であふれた悲惨な時代を救ったと言っても過言《かごん》ではないであろう。優れた政治的センスと慈悲の心をもっていたエレノアは、女性や失業者、黒人など社会の端に追いやられている人々の問題に世間の関心を向けようとした。

エレノアは女性の意見だけを代弁しようとしたわけではなかったが、彼女の話に耳を傾けている聴衆の大半は女性であることを知っていた。彼女は自らの経験を生かし、次のように主張した。「まず女性は家族の世話をしなければいけない」「家族の世話ができるようになったら、人間的で暖かい家庭の価値観をその外にも広げて世界をもっと良くしよう」と（前掲『アメリカの女性の歴史』）。

大統領夫人がこのように独自に公的な場で話すことは、それまでは、とても考えられないことであった。社会的立場が弱い人の側に立ち、ホワイトハウスが活発に発言することなど以前にはないことだった。

ＳＧＩ会長は、エレノアの「書簡」に綴《つづ》られた言葉を引用している。「私たちが人々に糧《かて》を贈ることは、世界中に友情を築くことになります。そして、世界中の友情なくして私たちに平和はないのです。今こそ、長い将来のことを考える時です。今こそ、私たちが、ここからどこに行くのかを決める時です」と。さらに、「教育を通じて、人間性の変革をもたらすため、我々は最大の努力をなすべきである」との彼女の言葉を引きながら、ＳＧＩ会長はこの「人間性の変革」が彼女の信条であり、「一人ひとりの『人間革命』を根底とする私どもの運動と、深く響き合う哲学がそこにある」と結論している（前掲『新・私の人物観』)。

３人の女性の生き方は、まさに、ＳＧＩ会長が表《あらわ》した不軽菩薩の行動＝21世紀の「人権闘争のモデル」の特徴についての３つの視点と重なり合うものである。絶対的平等への信念を持ち、「暴力」に屈《くっ》することなく、常に人々の幸せを思う「慈悲」の行動をどこまでも貫き、その結果、自他《じた》ともの自己実現への道を歩むことができたのである。

第５章　環境問題と女性　――エコフェミニズムを超えて

福井朗子

はじめに

環境問題への対処が世界的な課題となっている。環境問題は、産業革命に端を発し、その後の資本主義経済の発達に伴い深刻さを増している。さらに、近年における経済のグローバル化によって競争が激化し、資源の濫費や環境の汚染が加速され、地球そのものを脅《おびや》かすような状況に陥っているのである。

この環境問題に対し、各方面においてその根本的な解決を目指し、様々な取り組みがなされている。しかし、これまでの政府や企業の対策の多くは、環境問題の根底にある「大量生産―大量消費―大量廃棄」型の社会・経済システムをあくまでも前提としており、その仕組みを生態系の持続性とどのようにすり合わせるかに重点が置かれている。つまり、そのような社会・経済システムの根本的な見直しをすることなしに、眼前の問題に対し環境技術的な対応が優先されているのである。このような状況に危機感を抱き、社会・経済システムを「持続可能」なものへ再構築しようとする動きもみられる。しかしながら、一方では社会主義体制の崩壊から社会主義経済にも希望を見出せず、もう一方では悠長に考えている暇を与えないような速さで動く現在の社会・経済システムに抗《あらが》えず、結局、場当たり的な対処に終始しているのが現状なのではないだろうか。

環境問題の解決のためのひとつのアプローチとして、環境思想が挙げられる。特に、東洋思想は、「地球に優しい」思想として関心が寄せられている。環境思想とは環境問題に対する思想的アプローチのことである。その定義は幾つかあるが、松野弘の定義が最も適当であると考える。その定義とは、「環境思想とは、自然と人間との関係を生態系中心主義的（エコロジー的）な視点から捉え、地球環境における人間と人間以外の生命体が生命共同体の一員として、共存・共生し、環境負荷をミニマムにした、〈緑の持続可能な社会〉をわれわれ人間が構築していくための知的装置である」[(1)]というものである。松野が指摘するように、これまでの環境思想、特に日本の環境思想は、人間の内面的変革を求めるものが多かった。しかし、既存の経済システムを見直さず、あくまでもこれまで通りの経済成長と生態系の持続性の両立を前提にした環境思想では、地球環境問題の解決は困難であるとの指摘もされている。したがって、人間の価値転換を促す観念的な環境思想に留まらず、新しい環境社会を構築するための現実的かつ社会変革的な環境思想が求められているのである。

日本において、この「環境思想」という言葉が広く用いられるようになったのは、「環境倫理」、「環境哲学」、「エコフィロソフィ」にかかわる著作が紹介されるようになった１９８０年代からといわれる。この背景には、高度成長による公害が社会問題化したこと、環境問題が地球規模で意識されるようになったことが深く関係している。それまで、人々は、敗戦からの復興を目指し、豊かな暮らしを実現するために邁進してきた。しかしながら、実はその行為そのものが自己の生活基盤を脅かす要因となっていることに気づきはじめ、公害問題、環境問題が意識されるようになったのである。

日本における環境思想は、主に環境問題に対する人間の内面的変革を促す倫理的な概念のことを意味し、欧米のそれとは異なっている。アメリカの場合、環境思想は、環境運動がそれまでの富裕層やエリートを中心とする自然保護運動から、環境的正義の実現を目指す社会変革志向型の運動へと移行する際、そのような運動を支える理念として位置づけられてきた。それに対し、日本の環境思想は、哲学的・倫理学的な枠組みに留まり、意識変革の面が強いのが特徴である。そのため、内面的変革を志向する段階から、環境政治、環境経済、環境法などの分野にかかわる現実的な変革、つまり外面的変革を志向する思想への広がりが、欧米に比べると未成熟と指摘されている。[2] したがって、複雑化する環境問題の解決のために、人間の価値転換といった観念的なものに留まらず、環境問題を現実的に解決し、新たな環境社会の構築を目指す環境思想が求められている。

さて、環境思想は多様な展開をみせており、「女性」を軸にしたエコフェミニズムなども論じられている。そこで、本論文では、まず「女性」を中心とした視点で環境問題、環境思想について考察する。そして、環境問題の解決のために女性に期待される役割について、仏教的な視点を含め、検討していきたい。

1 環境問題と女性

環境思想は、「女性」とも深くかかわっており、その思想内容は興味深いものとなっている。ここでは、環境思想と「女性」に焦点をあてて見ていきたい。

環境思想とは、人間と自然との関係をどのように捉えるか、ということである。言い換えれば、人間は自然に対して優位性を持ちうるのか、人間と自然は共存すべきなのか、また、人間と自然との共存（共生）とはどのような状態なのか、などを考えることでもある。環境思想は、大きく分けると２つの考え方から成っている。ひとつは、自然を現在の社会・経済システム発展のための資源として捉え、それを利用するという功利主義的な観点を含む「人間中心主義」といわれるものである。そして、もうひとつは、自然を畏敬《いけい》の対象として捉え、自然の生態系を破壊してはならないとする「自然中心主義」もしくは「生態系中心主義」と呼ばれるものである。これらの環境思想は社会変化の影響も受けながら、多様に展開されており、その流れにあるのが「エコフェミニズム」である。

エコフェミニズムとは、エコロジカル・フェミニズムの略称である。エコフェミニズムは、１９６０年代以降、先進国を中心に展開されたフェミニズム運動から影響を受けている。フェミニズム運動は、男性の支配的な社会から女性を解放しようという目的ではじまり、19世紀末から20世紀初頭にかけて展開された第１波フェミニズム運動とその後の第２波フェミニズム運動がある。女性の解放という目的は同じだが、２つの運動の内容は異なったものとなっている。第１波フェミニズム運動は、女性が男性と同等に法的・政治的権利を持つべきことが主張され、その結果、女性参政権や財産権が獲得されるに至った。しかし、女性の社会進出は増加したものの、女性の実質的な社会的地位は向上しなかったため、就業など社会参加における実質的な男女平等を求めて新たなフェミニズム運動（第2波）が展開されるようになったのである。このフェミニズム運動が、環境問題への取り組みと結びついたのがエコロジカル・フェミニズム、つまりエコフェミニズムである。それは、女性の視点で環境問題を考えようという新しい試みであった。

さて、「エコフェミニズム」の言葉は、1974年にフランスのフランソワーズ・ドボンヌによってつくられた。しかし、それより昔の1892年に女性科学者であるエレン・スワローが、家政学を「エコロジー」とすることを提唱している。彼女は、ボストンにあるマサチューセッツ工科大学（MIT）に最初に入学を許可された女性であり、アメリカ初の女性自然科学者であり、「家政学の母」とも称されている。彼女は、家政学をわれわれの周りの日常生活の科学であるとし、自然と共生するための生活・経済・社会の構築を目指し、生活の場から諸学を統合する社会運動を展開している。また、アメリカ・ホーム・エコノミクス協会（家政学会）を創設し、推されて初代会長にも就任している。当時のアメリカは、産業革命が進行し、アメリカ的生活様式とも言われる大量生産―大量消費型の社会・経済システムが構築されつつあった時期である。スワローは、この生活様式に起因する環境問題をいち早く察知し、これらの課題を日常生活の拠点、つまり「ホーム」から捉え、民衆レベルから社会と自然の良好な関係を形成するための運動を展開したのである。彼女の提唱した「エコロジー」は、当時の支配的な男性科学者たちから理解されず、「生活と消費に関する社会科学」としてホーム・エコノミクスへと名称変更を迫られた。一般的に、「エコロジー」は、ドイツの生物学者エルンスト・ヘッケルが提唱し、生物と環境の相互作用を研究する生物学の一分野を意味するものとして知られるようになっている。しかし、地球規模の環境問題が懸念される現代において、彼女の提唱した意味での「エコロジー」が再び注目されている。

また、1962年に出版されたレイチェル・カーソンの『沈黙の春』は、社会に大きな影響を与えたことで知られ「アメリカを変えた本」とも称されている。彼女は、農薬、殺虫剤による環境破壊を訴え世界に衝撃を与えた。彼女は産業界から大きな批判を浴びせられたが、結果として彼女が指摘した農薬、殺虫剤の多くは製造禁止、または使用禁止となっている。カーソンは、ウッズホール海洋生物学研究所を研究の場としたが、その研究所の創設にはエレン・スワローが大きな役割を果たしている。『沈黙の春』は、環境問題に携わる人々にとってバイブルのような存在となり、これまで多くの人に読み継がれ、その後の環境運動、環境思想に大きな影響を与えている。

エコフェミニズムは、主に欧米の先進国の女性たちによって提唱されてきた。しかし、先進国や開発途上国を問わず、経済開発による環境破壊に反対する草の根運動が各地で展開されており、その運動の多くは女性が担い手となっている。例えば、1970年代にインドの女性たちが、木に抱きつくことによって森林伐採反対運動を展開している。この「チプコ運動」は、国外的にみれば先進国による環境破壊という新たな植民地支配への抵抗運動でもあり、国内的にみれば伝統的な男性社会に支配されていた女性たちによって展開された運動でもあった。また、ノーベル平和賞を2004年に受賞したナイロビ大学のワンガリー・マータイ博士の植林運動もよく知られている。彼女は1977年にグリーンベルト・ムーブメントを設立し、ケニアの圧政下で女性の地位向上に大きな役割を果たしただけでなく、土壌浸食や砂漠化を防止する植林運動を展開し、その地道で、かつ実質的な効果を生み出した運動は高く評価され、アフリカ全土にまで拡大した。さらには、有害廃棄物の不法投棄が社会問題化したアメリカの「ラブ・キャナル事件」においても、マイノリティの女性たちが大きな役割を果たしている。これらは、女性が環境問題の解決に向けて重要な役割を果たしてきた良い事例といえるだろう。

2　エコフェミニズム

環境思想の一角を成すエコフェミニズムは、人間による自然の支配と、男性による女性の支配は同根であると考える。したがって、男性社会によって構築された支配構造を解消しない限りは、環境問題も女性の支配もなくならないと主張し、女性の解放と自然の解放を目指している。

エコフェミニズム運動は、1979年にアメリカで起きたスリーマイル島の原発事故を契機としている。エコフェミニズム運動は、原発事故をうけて開催された会議において盛り上がりをみせ、ネットワークが形成された。そして、80年代には、ペンタゴンを包囲し軍事政策を批判する「女性ペンタゴン行動」が展開され、イギリスにも広がりをみせている。このエコフェミニズム運動は、軍事施設を男性支配構造の権化として位置づけ、それを標的にした反核運動によって本格的に開始された(3)。当時のアメリカのエコフェミニズム運動をリードしたのは、イネストラ・キングである。彼女の主張は、「地球の環境破壊と、核による人類の絶滅の脅威は、今まで女性の身体や性を抑圧してきた男性優位の思想によってもたらされた。その背後には、男性が維持してきた家父長制がある。特に、西欧の白人男性文化の持つ帝国主義は歴史上最も破壊的な権力であった。その権力によって、自然支配が進み、女性や少数民族が抑圧されてきた[4]」というものであった。つまり、核や軍事施設そのものが男性優位思想のひとつの表われとして捉えられており、そのため、エコフェミニズム運動は、ペンタゴンを包囲する形で反核運動を展開したのである。エコフェミニズムにとって、「女性」の擁護は自然保護と同じ方向性にあり、社会的弱者の立場から「女性、先住民、開発途上国、自然」を社会的争点とし、これらの問題解決を目指している。エコフェミニズムの思想にも、考え方に多少の違いがあり、その内容はとても興味深いものとなっている。キャロリン・マーチャントによると、エコフェミニズムは、(1) リベラル・エコフェミニズム、(2) カルチュラル・エコフェミニズム、(3) ソーシャル・エコフェミニズム、(4) ソーシャリスト・エコフェミニズム、の4つに分類される[5]。

まず、リベラル・エコフェミニズムは、現在の自由主義と資本主義の枠組みを肯定し、資本主義を人間にとって最適の経済システムとし、人間を自己利益の最大化を目指す合理的な主体として捉えている。男性（優位）社会は、女性が教育と経済の分野から閉め出された結果生じたものとして位置づけられ、女性が男性と同等に社会進出の機会を得ることができれば、女性の視点を社会秩序のなかに取りいれることが可能となり、「支配—服従」の問題が解決するものと考えられている。また、環境問題は急速な開発と汚染物質の規制の失敗にあるとされ、これらの問題解決のため、社会秩序や社会制度を構築する際、女性に平等な機会を保証し、健全化を図ることが重要だと主張している。

次のカルチュラル・エコフェミニズムは、男性支配の原因を、女性が自然に近い存在として社会的・文化的に位置づけられていることにあるとする。カルチュラル・エコフェミニズムは、男性中心の支配原理が軽視してきた女性的な価値（ケアの主体であり、安全を守るといった母性的なイメージ）が導く平和・調和・共生といった原理を重視する。つまり、女性を生命を生み出す存在として再評価する必要があると主張するのである。マーチャントは、女性たちが起こすエコロジー運動の背後には、このような考え方があると指摘する。その理由として、女性活動家の多くが子どもへの危害が明らかになったことをきっかけに活動を開始していること、「母なる大地」といった母性的なイメージを使用して運動を展開していること、などを挙げている。

３つ目のソーシャル・エコフェミニズムは、マレイ・ブクチンの「ソーシャル・エコロジー」をエコフェミニズムに融合させたものである。ソーシャル・エコロジーは、人間による人間の支配と、人間による自然の支配は同根であると捉える。したがって、ソーシャル・エコフェミニズムでは、人間による人間の支配、男性による女性の支配を解消することによって、人間による自然の支配を終わらせ、女性・自然が解放されるものと考える。つまり、「支配―服従」の関係がエコロジーとフェミニズムの問題の根本にあるとし、具体的な解決策として、中央集権的な支配構造から分断的な社会へ変革することによって、これらの問題が解決されると主張している。

最後に、ソーシャリスト・エコフェミニズムは、マルクス主義に影響を受け、資本主義経済システムが内包する矛盾を批判している。資本主義の経済システムは、経済成長と浪費が結びついており、それは生産と消費の関係に留まらず、生産の際には資源を収奪し、消費の際には廃棄物を生じさせ、深刻な環境破壊の原因になっていると指摘する。そして、女性は、資本主義体制において労働の再生産メカニズムに組み込まれ、男性に対して従属的で補助的な役割である「シャドウ・ワーク」(6)や「性別役割分業」を強制される存在として位置づけられているとする。このような状況は、資源や廃棄物の問題、社会的不平等、正義といった点からも問題があり、社会の持続性を損なう可能性があるため、人間の生産活動と人間と自然との共生を可能とする新しい社会経済システムとして、社会主義の実現を目指している。

このようにエコフェミニズムは、主に4つに分類される。これらに共通するのは、「再生産の概念」といわれている。[7]「再生産の概念」には、生物学的な意味合いと社会的な意味合いが含まれており、再生産が実践される最初の場として「家庭」が挙げられる。エコフェミニズムは、生活が営まれる「家庭」という私的領域にも権力関係が存在し、そこで生み出される「支配―服従」の関係が公的領域である政治・経済システムも構造化する要因となることを問題視している。つまり、エコフェミニズムは、「人間と自然との関係をどのようにして持続可能なものにしていくべきかというテーゼとともに、人間と自然とのエコロジー的な共生関係を解体させるような資本主義的な社会経済システムを根底から変革しなければ、環境問題もフェミニズムの問題も解決不可能であるという、警告を発している」[8]のである。

エコフェミニズムの主張には改めて気づかされることも多く、特に男性が優先される場面においては有効性を発揮するものと思われる。しかしながら、エコフェミニズムが主張する「人間―自然」、「男性―女性」といった二元論的な見方に終始していては、そこから抜け落ちてしまうものもあるため、根本的な環境問題の解決には至らないように思われる。マレイ・ブクチンは人間と自然とを対立するものとして捉える限り、環境問題が「人間中心なのか、それとも自然中心なのか」というように矮小化《わいしょうか》されてしまうことを懸念した。彼は、環境破壊には社会構造的な要因が関係すると考えていたが、二元論的な見方では「支配―服従」の関係が隠蔽《いんぺい》されてしまうと考えていたのである。たとえ「自然に従って生きること」が達成されたとしても、二項対立的な枠組みで捉える限り、そこには人間と自然との関係を逆転させた形で「支配―服従」の関係が存在することを指摘し、批判している。

また、ソーシャリスト・エコフェミニズムは、資本主義社会による家父長制や伝統的な男性支配のイデオロギーを打破し、人間と自然との共生を可能とする新しい社会経済システムとして社会主義の実現を目指している。しかしながら、「社会主義＝自然に優しい」という単純な図式で捉えられないことに注意が必要である。なぜなら、「20世紀最大の環境破壊」ともいわれるアラル海をめぐる環境問題は、旧ソ連時代の大灌漑《かんがい》事業によって引き起こされているからである。アラル海は、大規模な灌漑事業によって、この湖を支えていた2つの大河の水を農地に奪われ、消滅の危機にさらされているだけではなく、干上がった湖底からの大量の塩と砂塵が砂漠化を広範囲に渡って進行させ、深刻な問題となっている。さらに中国においても、現在、環境問題が深刻化していることを踏まえれば、社会主義体制が環境問題を解決する切り札には簡単に成り得ないことが明らかであろう。

さて、日本において、エコフェミニズムは、フェミニズム側に、母性主義を導く反近代的な思想として認識され、論争が起こっている。その結果、エコフェミニズムは下火となり、大きな盛り上がりを見せるに至っていない。

3　環境思想と仏教

次に、エコフェミニズムに関連したひとつの思想的アプローチとして、SGI（創価学会インタナショナル）の思想を取り上げてみたい。

仏教による環境問題の捉え方のひとつに、「依正不二《えしょうふに》」論がある。「依正不二」とは、生命の当体である自身（正報《しょうほう》）と、自己を取り巻く環境（依報《えほう》）が、一体不二の関係にあるとする考えである。つまり、私たち自身と私たちを取り巻く環境が、根本において一体であり不可分なものとする捉え方である。また、人間、社会、自然、地球を「大宇宙」と照応する「小宇宙」とし、その関係を次のように説いている。「大宇宙」をひとつの「大生命体」と位置づけるならば、人間は「小生命体」と位置づけられ、その人間の一念は「大生命体」である「大宇宙」にも影響を及ぼすというものである。(9)このように、仏教では、人間と環境、人間と他者のつながりが重視され、不可分な関係性を持つものとして考えられている。

前述したように、環境問題に対する危機感から人間と自然との共生が求められ、東洋思想のような主体と環境を一体的に捉える思想に注目が集まっている。西洋でも類似性を持つ哲学は展開されていたものの、自己と環境を分離するような考え方が主流となってきた。この西洋的な主体と自然とを分離する見方は、科学・技術の発展に大きく寄与し、人々の生活に豊かさ、快適さ、利便性をもたらした。しかし、その一方で、科学・技術の発達によって人間と人間、人間と自然とのつながりは希薄化し、環境問題などの現代的課題を生じさせるひとつの要因にもなっている。そのため、近年、「全体性」への回帰が求められ、環境思想においても「宇宙船地球号」、「ガイア理論」といった概念や思想が展開されるに至っている。これらの概念や思想は、現代では一般的に広く知られている環境問題が国・地域を問わず、地球上に存在するすべての生命体に重大な影響を及ぼす問題であること、さらには、人類がひとつの「運命共同体」であることを明らかにしたのである。

SGIは、21世紀を「人権の世紀」、「環境の世紀」とするため世界各地で運動を展開し、特に環境教育の分野に力を入れてきた。その根幹には、「人間革命」という「自身の変革」を求める思想があり、その「人間革命」を通じて、よりよい社会、平和な世界を構築することがSGIの目的である。

池田SGI会長は、菩薩《ぼさつ》や仏に備わる「常楽我浄《じょうらくがじょう》」という「四徳」の特性を用いて、「人間革命」の意義について次のように述べている。

「簡潔にいえば、『常』とは、衆生の心に具《そな》わる仏性が恒常であること。『楽』とは、豊かな生命力をもって人生を楽しみきっていくこと。『我』とは、何ものにも壊されない確たる主体性――即ち『大我』を樹立していくこと。『浄』とは、濁った社会にあっても、清らかな善心で行動していくこと――といってよいでしょうか。

仏法は、観念論ではない。現実に『生老病死』という苦悩に揺るがない自分自身を、宝塔《ほうとう》のごとく確立しながら、この『常楽我浄』という『四徳』の香風を吹き薫らせていくことが、私どもの信仰の目的です。自らが変わることで環境を変え、正しい人生の軌道を上昇していくのです。ここにこそ、私どもが提唱してきた『人間革命』の意義があるのです。」(10)

既述したように、日本の環境思想は、内面的変革を促すに留まり、制度変革を志向する現実的かつ外面的変革への意識が弱い。つまり、環境問題の解決に向けて個人の内面的変革のみならず、社会体制そのものを見直し制度変革を目指す視点が欠けている。その点、「人間革命」は内面的変革を促す思想であるが、それは単に内面の価値変革のみに留まらない。なぜならば、自己の価値観の変革が、他者に影響を与え、さらに外面、すなわち制度変革への実践となって現れていくのが「人間革命」である。したがって、内面的変革からはじまる「人間革命」は、最終的には他者をも包み込んでの大きな力となって社会をも変える力になる原理である。また、別の見方をするならば、私たちが現実の厳しい環境をすぐ変えることはかなりの困難を伴う。しかし、その環境への見方を変えることは比較的容易である。仏教には、自分の境涯を高めることによって煩悩や苦悩という「毒」を、成長への「薬」と変えていくことができるという「変毒為薬《へんどくいやく》」(11)という教えがある。つまり、現実を変革し新たな価値を創造する主体は、あくまでも自分自身であり、それを確実に実現できるという意味で、それは「楽観主義」ともいえるだろう。現代社会が直面する環境問題、国際紛争などの諸問題はあまりにも大きく複雑な課題である。そのため、人々の多くが無力感に陥り、社会は閉塞感を募らせているように感じられる。しかし、この無力感に留まっていては、状況を悪化させるだけで改善することにはつながらない。そのため、このような「楽観主義」的な姿勢が環境問題の解決にも求められているのではないだろうか。

4　環境問題と仏教思想にみる女性の役割

SGIは、21世紀を「平和の世紀」、「生命尊厳の世紀」とするためにも、「女性の世紀」とすることも目指してきた。そこでは、女性こそが「平和の哲学の探究者」であり、「平和の文化の創造者」であるという考えが基になっている。女性がもつ資質とは一体どんなものなのだろうか。そこで、ルー・マリノフ博士と池田SGI会長の対談集『哲学ルネサンスの対話』(潮出版社、2011)を主な手がかりにしながら、女性の特性や求められる女性の役割について仏教の視点を交え検討してみたい。

マリノフ博士は、古今東西の哲学を日常生活に応用する「哲学カウンセリング」という興味深い取組みを実践してきた人物である。彼は、その「哲学カウンセリング」の経験から、女性の特性として〝パーソナルな人間関係を重視する〟ことを挙げている。男性が世の中の事物を客観的に認識しようとする傾向にあるのに対し、女性は主観的に認識しようとする傾向が強いという。マリノフ博士は、他者を人間化し[12]、その関係性に心配りをすることに優れているのが女性の特性であると述べている[13]。言い換えるならば、女性が「共感力」に優れているということである。さらに、女性はその高い言語能力と相まって、スムーズなコミュニケーションの能力を可能にしているという。なかでも、この「共感力」は、人間と自然との関係性が分断的に捉えられている現代において、環境問題の解決のために必要とされている視点である。この意味において、女性の果たす役割は大きいものと期待される。[15]

また、マリノフ博士は、この他に、女性の特性として、女性が音楽、詩歌、文学、絵画や演劇などの文化的な催しに積極的に参加しようとすることから、「文化」を重視する点を挙げている。[16] 加えて、女性が絶えず文化の発展を推進していることから、男性よりも文化を創出し、それを共有するために必要な生活基盤を生みだすことに携わっていることを指摘し、女性を「平和の文化の創造者」と位置づけている。[17] それは、池田SGI会長が、「大切なことは、女性の優れた特性を、どう引き出し、どう生かしながら、男性優位の社会を、男女のバランスと調和のとれた社会にしていくかではないでしょうか」[18]と述べていることにつながる。男女の性差を認めつつも、その性差に拘《こだわ》るのではなく、女性および男性それぞれが持つ特性をどのように生かすかが重要な点だと思われる。池田SGI会長の思想には、法華経に説かれる「竜女《りゅうにょ》の成仏」[19]、日蓮の「男女はきらふべからず」[20]の教えが脈打っており、性差を越えて男女それぞれの「人間性」がそれぞれに開花することに大きな期待を寄せているのである。

さらに、未来学者であるヘンダーソン博士は、女性の活躍が顕著な分野として、「グリーン・ビジネス（環境に配慮した事業）」、「社会的責任投資（環境保全や福祉活動を通じた社会への貢献を評価して企業に投資する）」を挙げ、この分野におけるパイオニアの多くが女性であると述べている。[21] また、女性の社会進出が増えた理由について、池田ＳＧＩ会長は「人類の長い歴史のなかで、その歩みをたえず『善』なる方向へ、『希望』の方向へ、そして『平和』の方向へと、粘り強く向けてきたのが女性たちでした[22]」と述べている。女性の特性が発揮された結果といえるだろう。この他にも、ヘンダーソン博士は、環境分野で活躍した女性として、『沈黙の春』の著者であるレイチェル・カーソン、「緑の党」を創設したペトラ・ケリーの名前を挙げ、環境問題に留まらず、平和、社会正義、人権などに関わる問題解決に尽力したことに深く共鳴したと述べている。[23]

このような女性たちの活躍から、一般的に生活者として最前線にいる場合が多い女性たちが環境問題に果たす役割は非常に大きいことがわかる。それは女性の特性を生かした結果でもあり、それぞれの使命を果たした結果ともいえるだろう。活躍の場は様々である。仏教で説かれる「桜梅桃李[24]」の教えのように、それぞれの特性を生かしながら、ひとりの人間として、今いる場所で出来ることから精一杯取り組むことが何よりも大事なことだと思われる。

おわりに

グローバル化・情報化が進んだ結果、世界は身近なものとなり、近く感じられるようになった。しかし、その一方で、人間―人間、人間―自然の関係性の希薄化が問題となっている。これまで、「環境問題、女性、仏教」をキーワードとして、環境思想を中心に、環境問題の解決に向けて女性に期待される役割について考察をしてきた。その際、多様な展開を見せるエコフェミニズムにも触れ、エコフェミニズムが持つ有用性とその限界について検討するとともに、別の思想的アプローチとして仏教思想についての検討も試みた。なぜならば、西洋的二元論を克服するものとして、自己と環境の一体性を強調する仏教思想に期待が寄せられているからである。そこで、仏教思想と女性の特質についても掘り下げ、仏教的な視点から女性の役割についても考察した。その結果、一般的に女性が有する共感力、高いコミュニケーション能力が、環境問題のみならず様々な問題を解決する際、大きな力を発揮する可能性があることを述べた。

しかしながら、「共生」が叫ばれる現代社会において、他の宗教・文化を尊重することなしに、一方的な価値観の押しつけとならないような配慮も求められている。環境保護や動物愛護などを理由に異論を排除する全体主義、つまりエコ・ファシズムに陥らないようにする必要性がある。

また、科学・技術の急速な進歩に人間の倫理性が追いつかなくなった結果、倫理を伴わない科学・技術が拡大を続け、人類は〝核兵器〟の脅威などにさらされるようになった。その反省から哲学・倫理学の回復が模索されている。しかし、どのような思想であっても、それぞれの地域で培われた文化性や民族性を無視して根づくことは不可能であり、相手の文化を尊重し交わり合うなかで、新たな価値を創造することが可能となるのである。

日蓮は、「立正安国論」において、「汝須《すべか》らく一身の安堵《あんど》を思わば先ず四表《しひょう》の静謐《せいひつ》を禱《いの》らん者か」[25]と説いている。これは、自身の幸福と安穏を願うのであれば、まず社会の安定と世界の平和を祈らなければならない、という意味である。そうであるならば、より良い環境、文明を創出するために、ひとりひとりの内なる革命（人間革命）が重要な意味を持つ。そして、女性、男性、文化、民族といった違いを越えて互いに連帯し、人間―人間、人間―自然との「共生」を求めて、それぞれが今いる場所で一歩を踏み出すことが、問題解決の大きな力となっていくのである。

注

（1）松野弘『環境思想とは何か』筑摩書房、2009
（2）同、19頁
（3）森岡正博「エコロジーと女性――エコフェミニズム」、小原秀雄監修『環境思想の系譜3　環境思想の多様な展開』東海大学出版会、1995、154頁
（4）同
（5）同、156頁
（6）I・イリッチの言葉。〝主婦の家事・育児労働のように無報酬であるが、他の家族の賃金労働を支えるために不可欠な労働〟のことを意味する。
（7）前掲書（1）、195頁
（8）前掲書（1）、197―198頁
（9）ルー・マリノフ、池田大作『哲学ルネサンスの対話』潮出版、2011、164頁
（10）同、250頁
（11）変毒為薬とは、インドの大乗論師、竜樹の『大智度論』にでてくる言葉である。「毒を変じて薬と為す」と読む。大薬師が毒を薬として用いるように、苦悩を幸福へと転じていくことができるとい

う意味。日蓮は、「始聞仏乗義」において、「竜樹菩薩・妙法の妙の一字を釈して譬えば大薬師の能く毒を以て薬と為すが如し等云々、毒と云うは何物ぞ我等が煩悩・業・苦の三道なり薬とは何物ぞ法身・般若・解脱なり、能く毒を以て薬と為すとは何物ぞ三道を変じて三徳と為すのみ」と述べている（堀日亨編『日蓮大聖人御書全集』、９８４頁）。

(12) この場合の他者とは、人間以外のものも含む。

(13) 広く捉えると、牧口常三郎がその著作『人生地理学』において「山が有情と化す」と述べたことや、仏教における「草木成仏」の考えに通じるものと思われる。

(14) 前掲書（９）、３２０—３２３頁

(15) 男女間における「共感力」の強弱は、あくまでも相対的なものであることにも留意したい。しかしながら、これまでに女性が書いた環境問題にかかわる書物には、日本では、石牟礼道子『苦海浄土』、有吉佐和子『複合汚染』などがあり、また世界ではシーア・コルボーン『奪われし未来』、デボラ・キャドバリー『メス化する自然』、レイチェル・カーソン『沈黙の春』、『センス・オブ・ワンダー』がある。これらはいずれも、公害問題や環境問題を世に先駆けて指摘し、大きな影響を与えた書物である。これらの書物に共通するのは、いずれも、小説やドキュメントとして、文学的な表現で語られていることである。男性によって著された環境問題の書物がとかく科学的であるのに対して文学的であることが大きな特徴であり、ここに女性が共感力を基盤にしていることの一面が表れているとも思われる。

(16) 前掲書(9)、324頁

(17) ここでも注意しなければならないのは、男性が全て悪魔のような存在でもなく、全ての女性が天使のような存在とも限らないということである。マリノフ博士は、人類学者であるマーガレット・ミードが、女性が家庭から離れてしまった場合、男性よりも無慈悲で暴力的な存在にもなる可能性を有していることを指摘していることにも触れている。そして、実際にベトナム戦争において男性より残忍な戦士となったゲリラの女性たちが存在したことにも言及している。しかし、女性の適応能力の高さにも触れ、社会的・政治的規範が平和的であれば、女性が「平和の文化」を創造し、維持するうえで最大の力を発揮するとも述べている(前掲書9、328—329頁)。

(18) 同、329頁

(19) 「竜女」とは、8歳の子どもであり、女性であり、畜生界の竜王の娘のこと。それまで、女性は成仏できないとされていた。しかし、日蓮は「即身成仏の手本は竜女是なり」と述べていることから、畜身である竜女がそのままの姿で「即身成仏」したと捉えている(「木絵二像開眼之事」、堀日亨編『日蓮大聖人御書全集』、470頁)。多くの場合、「竜女の成仏」については、「変成男子」説がとられ、女性は男性に変わったのちにのみ成仏できるとされていた。

(20) 「末法にして妙法蓮華経の五字を弘めん者は男女はきらふべからず、皆地涌の菩薩の出現に非ずんば唱へがたき題目なり」(「諸法実相抄」、堀日亨編『日蓮大聖人御書全集』、1360頁)とあるように、『法華経』において成仏に男女の差別がないということ。

(21)ヘイゼル・ヘンダーソン、池田大作『地球対談　輝く女性の世紀へ』主婦の友社、２００３、２５８頁
(22)同、２６０頁
(23)同、２６８頁
(24)「御義口伝」に「桜梅桃李の己己の当体を改めずして無作三身と開見すれば是れ即ち量の義なり」とある（堀日亨編『日蓮大聖人御書全集』、７８４頁）。「桜梅桃李」とは、桜は桜、梅は梅、桃は桃、李（すもも）は李のそれぞれの姿、特質があり、桜は決して梅にはなれないけれども、桜は桜の美しさがあるということ。同様にどんな人にも、その人でなければ発揮できない素晴らしい個性や役割があることを意味する。
(25)堀日亨編『日蓮大聖人御書全集』、31頁

主な参考文献

松野弘『環境思想とは何か』筑摩書房、２００９
小原秀雄監修『環境思想の系譜３　環境思想の多様な展開』東海大学出版会、１９９５
ロバート・クラーク（工藤秀明訳）『エコロジーの誕生』新評論、１９９４
ルー・マリノフ、池田大作『哲学ルネサンスの対話』潮出版社、２０１１
ヘイゼル・ヘンダーソン、池田大作『地球対談　輝く女性の世紀へ』主婦の友社、２００３
東洋哲学研究所編『池田大作　世界との対話』第三文明社、２０１０

執筆者紹介（掲載順）

川田洋一
東洋哲学研究所所長
医学博士

栗原淑江
東洋哲学研究所主任研究員
創価大学非常勤講師　博士（社会学）

大江平和
東洋哲学研究所委嘱研究員
お茶の水女子大学大学院博士後期課程在学中

大島京子
東洋哲学研究所研究員
創価大学非常勤講師

豊島名穂子
東洋哲学研究所委嘱研究員
創価大学大学院法学研究科博士後期課程在学中

大野久美
東洋哲学研究所委嘱研究員
創価大学文学部教授　博士（文学）

福井朗子
東洋哲学研究所研究員
博士（農学）

『「女性の世紀」を創るために
——共生・平和・環境
大乗仏教の挑戦6』

二〇一一年十月二日　発行

編　者　公益財団法人　東洋哲学研究所
発行人　川田洋一
発行所　公益財団法人　東洋哲学研究所
〒一九二-〇〇〇三
東京都八王子市丹木町一—二三六
電話　〇四二（六九一）六五九一
振替　〇〇一三〇—七—一二二三九四

印刷・製本　株式会社清水工房

Printed in Japan 2011

ISBN978-4-88596-074-1　C0030